DIRITTO COSTITUZIONALE PER CONCORSI

Portalba Editori

COMPENDI
PER CONCORSI

Compendi per Concorsi è un'esclusiva collana Portalba Editori elaborata per coloro che intendono partecipare alle prove selettive dei vari bandi concorsuali italiani.

Il lettore non si troverà davanti un testo onnicomprensivo, che affronti in ogni minimo dettaglio la disciplina in oggetto, ma un compendio intento a fornire una visione chiara e schematica delle materie di studio; a tal fine abbiamo ritenuto opportuno focalizzare l'attenzione prevalentemente sugli istituti più importanti ai fini del superamento delle varie prove.

La scelta dei temi approfonditi in questa collana non si basa su un impianto nozionistico, ma sull'osservazione e l'analisi delle prove dei concorsi pubblici svoltisi nel recente passato.

Il risultato è uno strumento agile e intuitivo che ha già raccolto decine di consensi, che si adatta perfettamente alle esigenze dei nostri "concorsisti" e che siamo fiduciosi si rivelerà prezioso per il raggiungimento degli scopi professionali che essi si sono prefissati

I nostri riferimenti social

Sito: www.portalbaeditori.it

Indirizzo e-mail: info@portalbaeditori.it

Facebook - gruppo: Materiale per Concorsi

Facebook - pagina: Compendi per Concorsi

Instagram: Compendi per Concorsi

INDICE

Prefazione

La velocità con la quale il nostro gruppo Facebook *"Materiale per Concorsi"* è cresciuto fa capire quanto bisogno c'è di buon materiale studio che tratti gli argomenti più richiesti nei bandi di concorso pubblico in modo chiaro, conciso ed efficace.

Pertanto, con la stesura di questo volume miriamo a preparare i potenziali concorsisti alle prove selettive dei concorsi che prevedono una conoscenza schematica ma approfondita del diritto costituzionale, focalizzando l'attenzione sull'assetto complessivo dei poteri dello Stato e fornendo una dettagliata analisi degli articoli oggetto della riforma del Titolo V della Costituzione. A ciò abbiamo provveduto tenendo in considerazione anche le più recenti riforme dell'assetto istituzionale della Repubblica, come le leggi costituzionali n. 1/2020 e n. 1/2021 riguardanti la modifica del numero dei parlamentari e i requisiti per l'elettorato attivo. Abbiamo inoltre deciso di corredare il nostro compendio di un breve capitolo sui principi che regolano l'attività della Pubblica Amministrazione, mediante il quale confidiamo di trasmettere efficacemente al lettore una conoscenza propedeutica alla comprensione dei temi più strettamente legati all'organizzazione centrale e periferica dei Ministeri.

La scelta dei temi approfonditi non è stata casuale ma basata sull'esperienza di concorsisti con una consumata esperienza in materia di concorsi pubblici tentati (e vinti), che ci ha consentito di individuare una precisa strategia: con questo compendio ci proponiamo di sviluppare una visione chiara e schematica degli istituti che regolano la materia del diritto costituzionale, orientando l'attenzione dei lettori sui temi fondamentali per la posizione lavorativa che ambiscono a ricoprire.

Ciò che auspichiamo è che i lettori, al termine della lettura e della comprensione di questo volume, sappiano, non solo definizioni e caratteristiche dei vari istituti, ma in che modo questi istituti possano incidere nella loro futura (*si spera!*) attività professionale.

Per ottenere questo risultato, abbiamo individuato il giusto equilibrio tra una preparazione nozionistica, teorica e pratica, snellendo le trattazioni degli argomenti di tutte le informazioni che difficilmente potranno ritornare utili per superare le prove dei concorsi ed approfondendo, con particolare dovizia, temi ed argomenti difficilmente reperibili altrove.

Come anticipato, la preparazione nozionistica e concreta che vi proponiamo vi tornerà utile in sede di prova pre-selettiva e prova scritta, ma ai fini della preparazione dell'esame orale tale impostazione potrebbe rivelarsi insufficiente. Ciò che vi consigliamo caldamente ai fini del superamento della prova orale è di affiancare questo volume con del materiale di impronta universitaria, garantendovi un quadro globale delle discipline, che è una condizione essenziale per avere un approccio discorsivo degli argomenti richiesti.

Capitolo Introduttivo
Partecipare ad un concorso pubblico

La Gazzetta Ufficiale della Repubblica Italiana, storicamente l'unica fonte di conoscenza relativamente ai bandi di concorso, da qualche mese è stata sostituita, nel suo ruolo di pubblicità dei bandi, dal portale **Inpa Concorsi Pubblici**; secondo quanto disposto dalla L. 79/2022, Dal 2023 le amministrazioni pubbliche sono, difatti, esonerate dall'obbligo di pubblicazione delle selezioni pubbliche nella Gazzetta Ufficiale.

IL BANDO DI CONCORSO

Dal primo novembre 2023, **Inpa Concorsi Pubblici** è l'unico portale da utilizzare sia per le amministrazioni, sia per i candidati che intendono partecipare alle procedure concorsuali pubbliche.

Selezionato il concorso di vostro interesse sul portale, dovrete leggere attentamente il **Bando di Concorso**, in cui sono indicate tutte le informazioni di cui necessitate ai fini della partecipazione:

- il numero dei posti disponibili, quelli riservati al personale interno o a favore delle categorie protette;
- i requisiti di ammissione: titoli richiesti (diploma/diploma di laurea/specializzazioni e altri espressamente indicati);
- cittadinanza italiana;
- posizione regolare nei riguardi degli obblighi militari (ma solo per gli uomini);
- godimento dei diritti politici e civili;
- idoneità fisica all'impiego.

Vige un rispetto pedissequo dei bandi di concorso da parte dell'ente banditore: il mancato rispetto comporta l'annullamento di tutta la procedura concorsuale.

LA DOMANDA

La domanda di partecipazione, nella gran parte dei casi già allegata al bando, è uno dei documenti necessari ai fini della partecipazione. I documenti che gli enti banditori potranno chiedere di allegare sono:

- la fotocopia della carta d'identità, ai sensi dell'art. 38, comma 3, del D.P.R. n.445/2000;

- il curriculum vitae, se richiesto espressamente nel bando;

- apposita certificazione, rilasciata da una competente struttura sanitaria, in caso di partecipanti portatori di handicap che hanno l'esigenza di essere assistiti durante le prove scritte o di un tempo maggiore. In ogni modo il bando dà tutte le informazioni sulla corretta procedura da seguire;

- ricevuta del versamento della tassa di partecipazione al concorso, se dovuta.

Ad oggi, queste informazioni sono telematizzate e per partecipare ai concorsi è assolutamente necessario avere lo SPID.

Per questo motivo, se avete in mente di iscrivervi ad uno dei prossimi bandi in uscita dovete avviare immediatamente l'iter per la richiesta delle credenziali di identità digitale presso uno dei tanti Identity Provider autorizzati, come Poste Italiane.

L'erronea presentazione della domanda comporta la vostra esclusione dalla procedura.

SCEGLIERE UN CONCORSO A CUI PARTECIPARE

Se hai acquistato questo volume, la tua ambizione è quella di ricoprire una posizione amministrativa in un ente pubblico. Per soddisfare questa ambizione sarà necessario superare una serie di prove, di cui tratteremo nel prossimo capitolo.

Ma come scegliere un concorso a cui partecipare? Il criterio di scelta più diffuso è di partecipare solo ai concorsi con un elevato numero di posizioni aperte. Questo criterio da un lato assicura che un elevato numero di concorsisti vincitori ricopriranno la posizione pochi giorni dopo la fine della procedura concorsuale, di contro questo dato attirerà un grande numero di aspiranti. Pertanto, percentualmente le possibilità di vincere il concorso saranno invariate rispetto alla eventuale partecipazione ad una procedura concorsuale per cui sono state messe a bando un numero esiguo di posizioni.

Ciò che in tanti sottovalutano è l'importanza di risultare idonei non vincitori, ad esempio: il *Comune di Domodossola* indice una selezione pubblica finalizzata all'assunzione di una unità di personale; al termine della procedura concorsuale il primo in graduatoria verrà assunto dal Comune banditore, ma è possibile (avviene in moltissimi casi) che oltre al primo risultino idonei non vincitori coloro che, seppur non vincitori, hanno dimostrato un'adeguata conoscenza delle materie oggetto del bando.

La procedura si conclude sempre con una graduatoria che, in questo caso, vedrà al primo posto il vincitore del concorso, a seguire tutti gli idonei non vincitori, dopodiché i non ammessi; nei mesi ed anni a venire il Comune di Domodossola (*e non solo!*) potrà attingere da questa graduatoria per soddisfare esigenze di personale.

Capita, di sovente, sentire storie di persone chiamate a firmare contratti di lavoro dagli enti pubblici poiché anni prima sono risultati idonei non vincitori ad un concorso pubblico.

Ebbene, per aumentare le possibilità di ricoprire una posizione amministrativa nel settore pubblico, il nostro consiglio è di affiancare, allo studio, una buona dose di tenacia, partecipando a quante più procedure concorsuali possibili.

LA PROVA PRESELETTIVA

La prova preselettiva solitamente consiste in un quiz, un test a risposta multipla.

Lo svolgimento della prova preselettiva è previsto solo nei casi in cui il numero delle domande supera una soglia preimpostata; ciò accade quasi sempre.

Oltre a domande sulle materie disciplinate nel bando, nella stragrande maggioranza dei casi sono inserite domande di logica e di cultura generale, ma come prepararsi a questa eventualità?

Per le domande di logica, affidatevi completamente alla banca dati, ovvero la raccolta di quesiti, ordinati per argomento, dalla quale verranno estratte le domande d'esame. Sono principalmente società esterne a predisporle e ognuna contiene dai 1.000 ai 5.000 quesiti.

Il bando di concorso comunica la pubblicazione della banca dati.

Se avviene prima della prova, generalmente nei 15/20 giorni precedenti, i candidati possono conoscere in anticipo il contenuto delle domande e delle risposte. Diversamente può essere scaricata e utilizzata per la preparazione di successivi concorsi. Vi sconsigliamo nella maniera più assoluta di optare per un approccio mnemonico, ciò che vi consigliamo è di capire la tipologia dei quiz di logica e di capire quei due/tre ragionamenti utili per rispondere correttamente.

Relativamente alle domande di cultura generale, le domande più frequenti riguardano la storia contemporanea, la geografia e l'attualità, con particolare riguardo alle cariche politiche, alle capitali ed alle forme di governo; a tal fine, è molto consigliato tenersi informati nei mesi precedenti alla prova tramite la visione di telegiornali e la lettura costante di quotidiani.

Sul piano storico, i quiz riguardano sempre avvenimenti che hanno interessato l'Italia, ma è sempre consigliato un ripasso della prima e della Seconda Guerra Mondiale.

LA PROVA SCRITTA

La prova scritta può essere di due tipologie:
- domande a risposta aperta;
- un tema.

Per entrambe le tipologie l'approccio dovrà essere lo stesso: sarà necessario avere una padronanza medio – alta delle materie indicate nel bando e bisognerà dimostrare di non aver studiato per compartimenti stagni, ad esempio: conoscere minuziosamente la nozione di Diritto di accesso sarà fondamentale, ma si rivelerà altrettanto importante spiegare in maniera chiara, ad esempio, il ruolo della Trasparenza nel Diritto di accesso.

Ciò che la commissione valuterà in questa prova sarà la padronanza degli argomenti trattati e la capacità del concorsista di spaziare tra gli argomenti; starà al concorsista dimostrare di aver ben chiaro il nesso che lega tutte le materie del concorso ed il ruolo di ogni procedura nel grande *corpus* che è la Pubblica Amministrazione Italiana.

LA PROVA ORALE

Se siete stati ammessi alla prova orale è chiaro che siete padroni delle materie richieste, ora bisognerà dimostrare di avere questa padronanza dinanzi ad una commissione di esperti, ognuno del quale vi sottoporrà un quesito.

Ciò che si valuterà in questa sede sarà la vostra padronanza linguistica ottenibile solo avendo ripetuto allo sfinimento gli argomenti ad alta voce.

Le domande saranno specifiche, pertanto il nostro consiglio è di rispondere immediatamente alla domanda nel modo più preciso possibile ed utilizzando un linguaggio scientifico. Qualora il commissario non vi fermi, dopo aver trattato l'argomento richiesto potrete spaziare e fare dei collegamenti.

Esempio: alla richiesta di parlare della Trasparenza, dopo aver trattato l'argomento nella maniera più chiara e precisa possibile, qualora il commissario non vi fermi sarà molto apprezzato se parlerete del ruolo della Trasparenza nel Diritto di accesso, del PNA o del PTPCP.

LA RIFORMA DEI CONCORSI PUBBLICI

L'emergenza pandemica è stata occasione utile per rivedere e riformare la disciplina in materia di accesso al pubblico impiego. Su forte spinta del Ministro per la Pubblica Amministrazione Renato Brunetta, sono state inserite, all'art. 10 della legge 76/2021, una serie di novità relativamente allo svolgimento dei concorsi, in particolare: le modalità dovranno prevedere lo svolgimento di una sola prova scritta ed una orale, verrà dato un peso ai titoli conseguiti dal candidato e sarà fortemente incentivato l'utilizzo degli strumenti digitali ed informatici.

Il portale Inpa, inoltre, è nato con l'obiettivo di velocizzare, semplificare e digitalizzare il reclutamento del personale nelle pubbliche amministrazioni per ridurne i costi economici e sociali, favorendo la ricerca di professionisti ed esperti a cui conferire incarichi di collaborazione con contratto di lavoro autonomo.

Capitolo Primo
Lo Stato

Lo Stato è l'organizzazione del potere politico che esercita il monopolio della forza legittima in un determinato territorio e si avvale, per fare ciò, di un apparato amministrativo. Il termine "Stato" può essere inteso come Stato-comunità, che indica la società civile che vive su un determinato territorio sotto un unico ordinamento, ovvero Stato-apparato, che può essere definito come l'organizzazione complessa che, entro un certo territorio e su un certo popolo, esercita il potere politico sovrano. Il termine "Stato" veniva utilizzato dai romani che attribuivano il significato di "*status*" in riferimento alla situazione di un soggetto, ma il primo uso in senso moderno della parola Stato viene attribuito all'opera di Machiavelli "Il principe" del 1513. Lo Stato moderno nasce e si afferma in Europa tra il XV e XVII secolo ed è caratterizzato da una concentrazione del potere di comando legittimo nell'ambito di un determinato territorio e dalla presenza di un'organizzazione amministrativa in cui opera una burocrazia professionale.

1.1 LA NASCITA DELLO STATO MODERNO

La nascita e l'affermazione dello Stato moderno rispondeva al bisogno di assicurare un ordine sociale dopo secoli di insicurezza derivante dal sistema feudale, caratterizzato dalla dispersione del potere. Il sistema feudale (affermatosi principalmente tra il IX ed il XIV secolo) era basato dal rapporto personale vassallo/signore, dal quale sorgeva una serie di obblighi e diritti reciproci che riversavano i loro effetti su un numero ben maggiore di individui legati al feudo (contadini, villani, servi). I rapporti di potere erano di carattere personale e privato. Il rapporto feudale era di tipo gerarchico e si riproduceva a vari livelli (il cavaliere che sfruttava il feudo era vassallo di un signore che a sua volta era un vassallo di un signore più elevato).

Questo creava una dispersione del potere di comando poiché un individuo poteva essere vassallo di più signori, quindi non vi era un reale rapporto di fiducia esclusivo. L'altro motivo di dispersione di potere era dato dalle varie comunità diverse per sistema giuridico, religioso e politico. Le leggi tradizionali erano basate sul rapporto con il principe e queste venivano garantite dai parlamenti medioevali, che costituirono un freno all'assolutizzazione del potere centrale fino al 1600, quando l'Europa assisté a un periodo di forte accentramento del potere nella persona del monarca, periodo che si protrasse per circa due secoli. Nella seconda metà del XVIII secolo, in seguito all'evoluzione delle idee e a eventi storici fondamentali (rivoluzione americana e francese), comincia a delinearsi lo Stato moderno, in cui l'individuo non è più suddito di chi detiene il potere politico (sovrano), ma cittadino, cioè un soggetto a cui sono riconosciuti diritti civili e politici.

I caratteri dello stato moderno, alla luce delle sue trasformazioni relative agli ultimi secoli (e soprattutto a quelle concernenti il periodo delle due guerre mondiali) sono:

- **Stato di diritto**: si afferma la centralità della legge, essa può essere scritta o tramandata per tradizione orale;
- **Stato costituzionale**: uno Stato è retto da una Costituzione che oltre a definire l'organizzazione sancisce e garantisce i diritti inviolabili del cittadino e, fissando condizioni e limiti invalicabili, delinea i poteri dello Stato stesso;
- **Stato rappresentativo**: si basa sul principio di rappresentanza del cittadino da parte di vari organi quali i partiti politici.

Capitolo Secondo
La Costituzione

La Costituzione è la fonte del diritto più elevata di tutto l'ordinamento interno. Ciò significa che essa:

- condiziona tutte le altre fonti del diritto (leggi, regolamenti, e così via);
- è sovraordinata a tutte le altre;
- è la massima espressione dell'esclusività dell'ordinamento normativo;
- è la fonte suprema dei poteri interni di produzione normativa e fonte e limite dei poteri esterni.

La Costituzione ha efficacia:

- attiva, perché pone norme valide fino all'abrogazione da parte di fonti cui lei stessa demanda questo potere;
- passiva, in quanto resiste all'abrogazione da parte di fonti del diritto non da essa autorizzate e nei limiti, di forma e di sostanza, in cui ciò sia consentito.

La sua superiorità si manifesta proprio nello stabilire le condizioni di validità del procedimento e dei contenuti della propria revisione.

Si distinguono due concetti di costituzione:

- in senso lato il termine indica la struttura fondamentale di una comunità politica. In questo senso tutti hanno una costituzione;
- in un significato più ristretto, il termine designa la legge suprema che in ogni Stato definisce i diritti e i doveri dei cittadini. In questo senso la Costituzione è un documento legislativo scritto che disciplina gli organi fondamentali dello

Stato. La Costituzione è una legge più importante delle leggi ordinarie

Le costituzioni possono essere suddivise in categorie a seconda dell'angolo visuale che si sceglie per esaminarle. Dal punto di vista della loro formazione, esse si dividono in:

- **costituzioni concesse** o **ottriate**, elargite cioè dal sovrano al popolo;

- **costituzioni votate**, ossia deliberate dal popolo, mediante l'elezione di un'assemblea costituente.

Dal punto di vista del meccanismo di revisione della costituzione stessa, esse si dividono in:

- **costituzioni flessibili**, tipiche dello stato liberale ottocentesco (ad esempio lo Statuto Albertino), che si possono modificare con le stesse procedure e le stesse maggioranze parlamentari richieste per l'emanazione delle leggi ordinarie;

- **costituzioni rigide**, che sono modificabili esclusivamente attraverso procedure più complesse, dette "rinforzate" o "aggravate". La rigidità di una Costituzione è garantita dalla possibilità che le norme contrastanti con la medesima siano eliminate. La Costituzione della Repubblica italiana è infatti una costituzione rigida: non può essere abrogata, né modificata, né contraddetta da una legge ordinaria, ma stabilisce essa stessa le modalità della propria revisione all'articolo 138. Non tutte le sue norme sono però revisionabili: l'articolo 139 vieta infatti la revisione della forma repubblicana, che si concreta nell'elettività del capo dello Stato, nella sovranità popolare, nell'autonomia degli enti territoriali, nell'elezione delle rappresentanze politiche e nelle libertà di associazione, pensiero, voto. Il compito di giudicare gli eventuali contrasti tra leggi e Costituzione è affidato, in Italia, alla Corte Costituzionale.

Dal punto di vista della forma, esse si dividono in:

- **costituzioni scritte**, contenute in documenti che precisano in modo rigoroso e chiaro i diritti e i doveri dei cittadini (è il caso della nostra Costituzione). Esse rappresentano gli atti normativi principali dello Stato, e godono di un'effettiva superiorità gerarchica sulle altre fonti del diritto, e in particolare sulla legge ordinaria del Parlamento;
- **costituzioni non scritte**, che consistono in principi consuetudinari che si adattano di volta in volta alle diverse situazioni storiche.

Dal punto di vista del contenuto del testo legislativo, esse si dividono in:

- **costituzioni brevi**, che affermano i principi essenziali dell'ordinamento (è il caso della maggior parte delle costituzioni emanate nel XIX secolo);
- **costituzioni lunghe**, che contengono un insieme sistematico di principi coordinati fra loro in una visione globale dei rapporti giuridici (è il caso della nostra Costituzione).

Vi è poi un'ulteriore distinzione, che però riguarda la costituzione intesa non come legge fondamentale, bensì nell'altro senso che alla parola abbiamo attribuito in precedenza, cioè quello di struttura fondamentale di una comunità politica. In questo senso le costituzioni si dividono in:

- **costituzioni formali**, date cioè dal complesso di norme accolte nel testo costituente;
- **costituzioni materiali**, quelle cioè effettivamente vigenti nella realtà.

Una Costituzione si dice poi "ordinativa" quando promana da un'unica forza politica che detiene il potere.

La Costituzione italiana si definisce:

- **scritta**, perché i principi e gli istituti fondamentali dell'organizzazione dello Stato sono consacrati in un documento (il testo costituzionale) e perché è espressamente prevista (all'articolo 138) la forma scritta per le leggi che regolino la materia costituzionale;

- **rigida**, perché alle norme in essa contenute è stata assegnata un'efficacia superiore a quella delle leggi ordinarie (le leggi che modificano la Costituzione e le leggi in materia costituzionale devono essere adottate dal Parlamento, non con il procedimento di formazione delle leggi ordinarie, ma con una procedura aggravata descritta all'articolo 138;

- **votata**, in quanto scaturente dall'opera dell'Assemblea Costituente, a sua volta eletta dal popolo alle consultazioni politiche del 1946;

- **lunga**, perché non si limita a "fotografare" la realtà esistente, ma si prefigge l'obiettivo di modificarla, e delinea i principi fondamentali dell'ordinamento;

convenzionale, perché le forze politiche che l'hanno redatta e approvata erano fra loro in contrasto a causa delle profonde divisioni ideologiche tra le forze politiche cattoliche, comuniste, socialiste, liberali, tutte rappresentate nell'Assemblea Costituente.

Capitolo Terzo
Le fonti dell'ordinamento italiano

Le **fonti del diritto** sono tutti quegli atti o fatti dai quali traggono origine le norme giuridiche. Esistono diversi tipi di fonte:

- le **fonti di produzione** sono lo strumento tecnico predisposto dall'ordinamento per la creazione del diritto. Le fonti di produzione si dividono a loro volta in:
  1. fonti atto, ossia gli atti scritti che si creano attraverso specifici procedimenti;
  2. fonti fatto, ossia norme giuridiche che si creano attraverso fatti sociali o naturali.

- Le **fonti sulla produzione** corrispondono invece alle norme che stabiliscono gli organi e le procedure per la creazione del diritto;

- le **fonti di cognizione** sono infine gli strumenti attraverso i quali il diritto viene promulgato, e si dividono in necessarie, se la norma per entrare in vigore ha bisogno di questa specifica pubblicità (ad esempio, la pubblicazione sulla Gazzetta Ufficiale), o non necessarie, se svolgono una mera funzione di pubblicità.

Essendo il nostro un ordinamento dalle molteplici fonti, possono esserci materie trattate da diverse fonti e, qualche volta, la trattazione può essere in contrasto tra una fonte ed un'altra. Questi tipi di contrasti sono definiti **antinomie** e possono avere luogo anche quando la trattazione della materia viene ripresa in periodi differenti.

Quando avviene ciò, ci sono dei criteri per stabilire quale fonte, e quindi quale interpretazione, abbia la supremazia:

- il **criterio gerarchico** è senz'altro il primo criterio da tenere in considerazione, e assume rilievo quando le norme confliggenti derivano da fonti di rango differente (in questo caso il nostro ordinamento dà prevalenza alla norma emanata dalla fonte di rango superiore);

- il **criterio di specialità** è il secondo criterio da tenere in considerazione, e assume rilievo quando la materia viene disciplinata da una norma speciale, una norma che cioè abbia lo scopo di disciplinare in modo specifico una fattispecie che altrimenti sarebbe ricompresa nella norma generale (in questo caso il nostro ordinamento dà prevalenza alla norma speciale sulla norma generale);

- il **criterio cronologico**, da tenere in considerazione quando non trovino applicazione i criteri precedenti (nel nostro ordinamento prevale la norma che è stata emanata successivamente, rispetto alla norma emanata in precedenza);

- il **criterio di competenza**, da tenere in considerazione quando una fonte deroghi a fonti inferiori la disciplina di una determinata materia.

Le norme sono soggette ad interpretazione da parte di chi si occupa di diritto. L'interpretazione può essere di diversi tipi: giudiziale, se è dettata dall'attività del giudice; autentica, se è lo stesso legislatore che in casi di dubbi persistenti interpreta la norma tracciando un parere vincolante; burocratica, se l'interpretazione avviene attraverso l'attività di un Ministro.

Infine occorre evidenziare come, in determinati casi, possano presentarsi dei vuoti legislativi, ossia l'assenza di norme adatte alla soluzione di un caso concreto. In questi casi si possono applicare norme che regolano casi simili *(analogia legis)* o i principi generali del nostro ordinamento *(analogia iuris)*.

3.1 CLASSIFICAZIONE DELLE FONTI

In questo paragrafo andremo ad illustrare l'attuale classificazione delle fonti del diritto all'interno del nostro ordinamento.

-   la **Costituzione** è l'atto con cui si delineano le caratteristiche essenziali di uno stato, l'atto con cui si promulgano i principi ed i valori ispiratori, nonché l'organizzazione politica. Oltre alla Costituzione abbiamo le **leggi costituzionali**, ossia le leggi approvate dal Parlamento con la procedura prevista dall'articolo 138. Esse possono, entro determinati limiti, integrare o modificare la Costituzione (in quest'ultimo caso prendono il nome di **legge di revisione costituzionale**). Come abbiamo visto in precedenza, una costituzione può essere:

    1. scritta o non scritta;

    2. concessa o votata (nel primo caso è ottriata da un sovrano, nel secondo caso è adottata da un organo democratico come ad esempio la nostra Assemblea Costituente);

    3. flessibile o rigida (nel primo caso può essere modificata da un semplice procedimento legislativo ordinario, mentre nel secondo viene stabilito un procedimento aggravato per la sua modifica o integrazione);

    4. breve o lunga (nel primo caso stabilisce solo i principi fondamentali dell'ordinamento, nel secondo detta anche i principi ed i valori ispiratori coordinandoli in una visione d'insieme).

-   **fonti dell'Unione Europea:** attraverso l'adesione all'Unione Europea, l'Italia, al pari degli altri stati membri, ha accettato di rinunciare a una parte della propria sovranità e di sottostare ad un ulteriore ordinamento sovranazionale. Con la legge n. 234/2012 i provvedimenti non direttamente esecutivi dell'Unione europea sono adottati con la **Legge di delegazione europea**, emanata una volta all'anno entro il 28 febbraio, o con la **Legge europea**, che non ha una data specifica di emanazione. L'Unione europea si esprime attraverso:

1. **regolamenti**, atti con portata generale, obbligatori in tutti i suoi elementi e direttamente applicabili nei paesi aderenti;

2. **direttive**, atti con cui si vincola lo stato membro cui è indirizzato il provvedimento a raggiungere determinati obiettivi;

3. **decisioni**, atti obbligatori in tutti i suoi elementi per lo stato membro a cui sono rivolte;

4. **raccomandazioni e pareri**, che al contrario dei precedenti non sono vincolanti.

- **fonti dell'ordinamento Statale**, ossia le leggi, gli atti aventi forza di legge, il referendum abrogativo ed i regolamenti interni degli organi costituzionali.

1. le **leggi** sono emanate attraverso un procedimento disciplinato dall'articolo 70 e seguenti della Costituzione, dal Parlamento. Si ha la cosiddetta **riserva di legge** quando una norma di rango costituzionale stabilisce che una determinata materia sia disciplinata dalla legge. La riserva può essere assoluta, se solo la legge o gli atti aventi forza di legge possono disciplinare quella materia, o relativa, se la legge stabilisce i caratteri essenziali e vincolanti mentre le fonti secondarie possono disciplinarne il contenuto. Può aversi anche una riserva di legge costituzionale, se la materia sarà disciplinata da leggi di rango costituzionale, o una riserva di legge formale, se la disciplina della materia potrà avvenire solo con il procedimento legislativo del

Parlamento, quindi non con gli atti equiparati né con le leggi regionali.

2. quando invece ci riferiamo agli **atti aventi forza di legge**, parliamo del Decreto legislativo (spesso abbreviato in D.lgs.) e del Decreto legge (spesso abbreviato in D.l.), che sono disciplinati rispettivamente dagli articoli 76 e 77 della Costituzione. Il **Decreto legislativo** è un atto normativo che viene emanato dal Governo, con deliberazione del Consiglio dei Ministri, su autorizzazione del Parlamento. Quest'ultimo, oltre ad autorizzare tale provvedimento e procedura, deve anche definire gli oggetti su cui il Governo deve legiferare nonché stabilire i criteri direttivi ed i principi da seguire, all'interno di un atto legislativo specifico definito **legge delega**. La legge delega non può riguardare materie che devono essere disciplinate da leggi costituzionali. Il **Decreto legge** è, invece, un provvedimento emanato dal Governo con carattere temporaneo, anch'esso deliberato dal Consiglio dei Ministri. Una volta emanato, il Decreto legge dovrà essere tassativamente convertito in legge dal Parlamento entro 60 giorni, altrimenti perderà efficacia *ex tunc*. In questo caso quindi il controllo del Parlamento è posteriore. Per dare avvio a questo particolare procedimento legislativo è necessario che ricorrano i presupposti di necessità e urgenza del provvedimento, considerati essenziali dal testo costituzionale per giustificare una tale procedura accelerata. Tali circostanze dovranno essere anche menzionate nel provvedimento di emanazione. La presenza dei requisiti di urgenza e necessità sarà oggetto di un controllo da parte del Parlamento, del Presidente della Repubblica ed eventualmente della Corte

Costituzionale. Nel caso in cui il decreto non venga convertito, non ci saranno proroghe e la materia potrà essere disciplinata solo con una sanatoria o una convalida.

3. il **referendum abrogativo** è nel nostro ordinamento lo strumento di democrazia diretta per antonomasia, ed è disciplinato dall'articolo 75 della Costituzione. Attraverso il suddetto strumento si chiede alla popolazione di esprimersi sull'eliminazione dall'ordinamento di una o più norme, o anche semplicemente di parti di esse. Presupposto di validità del referendum è la richiesta da parte di 500.000 elettori o 5 Consigli regionali. Alla votazione dovranno partecipare la maggioranza degli aventi diritto al voto (in assenza del quorum il referendum non produce effetti), mentre per determinare l'esito è sufficiente che venga raggiunta la metà più uno dei votanti. Il referendum abrogativo può riguardare leggi di revisione della Costituzione, leggi costituzionali, leggi statali o regionali o la modifica di territori o confini. Il procedimento referendario si interrompe se la norma in discussione viene sostituita.

4. **regolamenti interni:** Sono delle vere e proprie fonti separate di competenza di ciascuna Camera. Sono subordinati solo alla Costituzione.

- Le **fonti regionali** sono gli Statuti regionali, che stabiliscono l'organizzazione ed il funzionamento delle singole regioni, le leggi e i regolamenti regionali. Gli Statuti sono sottoposti al controllo della Corte Costituzionale essendo poste gerarchicamente al di sopra delle leggi. L'articolo 117 della Costituzione stabilisce che la potestà legislativa tra Stato e Regioni può essere concorrente, se entrambe possono legiferare, esclusiva dello Stato o residuale, per le materie non specificate da chi debbano essere disciplinate.

- Le **fonti locali** corrispondono sostanzialmente agli Statuti e ai regolamenti locali.

- La **consuetudine** è la fonte-fatto per eccellenza, ed è definibile come il ripetersi di un comportamento da parte di membri di una stessa comunità (*diuturnitas*) con la convinzione di rispettare una norma giuridica (*opinio iuris ac necessitatis*). Nel nostro ordinamento possono trovare spazio consuetudini *secundum legem* (che cioè rispettano ma specificano una legge scritta), consuetudini *praeter legem* (che cioè si inseriscono in un vuoto normativo, disciplinando fattispecie non previste), ma non consuetudini *contra legem*, che cioè entrino in conflitto con il dettato normativo.

Capitolo Quarto
Le fonti regionali e delle autonomie locali

4.1 STATUTI REGIONALI

Sono fonti dell'ordinamento regionale:

- lo Statuto;
- la legge regionale;
- il regolamento regionale.

Tutte le Regioni hanno uno statuto, ma esiste una distinzione profonda tra le Regioni "a statuto speciale" e quelle "a statuto ordinario".

Gli **Statuti delle Regioni speciali** (ossia la Valle d'Aosta, il Friuli-Venezia Giulia, la Sicilia, la Sardegna e le due Province autonome di Treno e Bolzano) servono a disciplinare i poteri delle varie regioni o province autonome, oltre alla loro organizzazione. Hanno ciascuno una propria disciplina, derogatoria rispetto a quella comune dettata dalla Costituzione. Sono adottati con legge costituzionale.

Diversa è la funzione degli **Statuti delle Regioni ordinarie**, che sono invece sottoposti a una disciplina comune, dettata dal Titolo V della Costituzione e in particolare dall'art 117 che ne definisce la potestà legislativa. Dopo la riforma costituzionale del 1999 questi statuti hanno acquisito una funzione molto importante. Infatti, mentre prima era la stessa Costituzione a disciplinare i tratti fondamentali della "forma di governo" delle Regioni, ora è compito degli Statuti ridefinire integralmente la forma di governo della Regione cui si riferisce. Con la legge costituzionale n. 2/2001, infatti, anche alle Regioni speciali è stata concessa una certa autonomia nella scelta della forma di governo e della legge elettorale. Un'unica legge costituzionale ha modificato ogni singolo statuto speciale, prevedendo che la Regione possa dotarsi di una propria legge statutaria che ridisegni la forma di governo e il sistema elettorale. Si tratta di una legge regionale rinforzata perché deve essere approvata a maggioranza assoluta e può essere poi sottoposta ad un referendum se lo richiede una frazione del corpo elettorale.

4.4.1 Procedimento di formazione

Lo **Statuto delle Regioni speciali** è una legge costituzionale peculiare, e ciò principalmente per due motivi: innanzitutto perché alcune delle sue disposizioni (quelle sulla forma di governo) sono derogabili attraverso una legge regionale "rafforzata", e di conseguenza lo Statuto subisce un depotenziamento di alcune sue parti, nel senso che la disciplina che è dettata in esse può essere modificata con legge regionale, subendo un processo di "decostituzionalizzazione", ossia di declassamento dal livello della Costituzione a quello della legislazione ordinaria; in secondo luogo perché anche il procedimento di revisione degli Statuti risulta depotenziato, considerato che la legge costituzionale n. 2/2001 prevede che le future modifiche degli Statuti speciali non siano sottoposte a referendum costituzionale.

Lo **Statuto delle Regioni ordinarie** ha subito una radicale riforma anche per ciò che riguarda la procedura di formazione. L'articolo 123 della Costituzione dispone che lo Statuto sia approvato e modificato dal Consiglio regionale con legge approvata a maggioranza assoluta dei suoi componenti, con due deliberazioni successive adottate ad intervallo non minore di due mesi. Il Governo ha la possibilità di impugnarlo dinanzi alla Corte Costituzionale entro trenta giorni dalla sua pubblicazione. Entro tre mesi dalla pubblicazione stessa, 1/50 degli elettori della Regione o

1/5 dei componenti del Consiglio regionale può proporre un referendum. Si tratta di un'ipotesi di referendum approvativo o sospensivo, in quanto lo stesso articolo dispone che lo statuto sottoposto a referendum non è promulgato se non è approvato dalla maggioranza dei voti validi. La Corte costituzionale ha confermato che, in analogia con quanto è previsto dall'articolo 138 della Costituzione per la revisione costituzionale, si tratta di una pubblicazione meramente notiziale, cui seguirà, una volta decorsi i termini per l'impugnazione o per la richiesta di referendum, la promulgazione da parte del Presidente della Regione e la pubblicazione sul Bollettino Ufficiale Regionale (B.U.R).

Gli Statuti delle Regioni ordinarie sono leggi regionali rinforzate.

L'art 123 della Costituzione riserva ad essi la disciplina di alcuni importanti aspetti quali la forma di governo regionale, i principi fondamentali di organizzazione e di funzionamento, il diritto di iniziativa legislativa e di referendum su leggi e provvedimenti amministrativi regionali, la pubblicazione delle leggi e dei regolamenti regionali. Si è anche ampliato lo spazio di scelta lasciato alle Regioni, i cui limiti ora sono quelli derivanti dal puntuale rispetto di ogni disposizione della Costituzione e del suo spirito. La legge dello Stato non può più incidere nella materia riservata agli Statuti, anche se spetta ad essa fissare i principi del sistema elettorale regionale. Lo Statuto funge da limite sia per le leggi ordinarie dello Stato, sia per le leggi regionali, rispetto alle quali ha una posizione gerarchica più alta.

4.2 LE LEGGI REGIONALI

La legge regionale è una legge ordinaria formale, quindi collocata tra le fonti primarie, sia perché la sua competenza è garantita dalla stessa Costituzione, sia perché la Costituzione la pone su un piano di concorrenza e di separazione di competenza con la legge statale.

Alle leggi regionali sono equiparate le leggi provinciali emanate dalle Province di Trento e Bolzano, per la particolare autonomia riconosciuta loro dallo Statuto della Regione Trentino Alto Adige.

Il procedimento di formazione della legge regionale è il seguente:

- l'iniziativa legislativa spetta alla Giunta, ai consiglieri regionali e agli altri soggetti individuati dagli Statuti;
- l'approvazione avviene ad opera dei Consigli regionali a maggioranza relativa, ma gli Statuti possono prevedere maggioranze rinforzate (sono previste tre letture in assemblea, ma anche una partecipazione importante delle Commissioni consiliari in sede referente, nonché, se lo Statuto lo prevede, di una Commissione redigente);
- la promulgazione spetta al Presidente della Regione, ed è prevista la pubblicazione sul B.U.R.

Il procedimento di formazione della legge regionale è disciplinato in minima parte dalla Costituzione, in parte dallo Statuto (per quanto riguarda l'iniziativa e la promulgazione), e per il resto dal Regolamento interno del Consiglio regionale.

4.2.1 L'estensione della potestà legislativa regionale.

Prima della riforma del Titolo V e in particolare dell'articolo 117 della Costituzione, il testo elencava le materie su cui le Regioni ordinarie avevano potestà legislativa concorrente con lo Stato centrale, aggiungendo che le leggi statali potevano delegare ulteriori competenze alle Regioni. Oggi il nuovo articolo 117 stabilisce invece:

- un elenco di materie su cui c'è potestà legislativa esclusiva dello Stato;

- un elenco di materie su cui le Regioni hanno potestà legislativa concorrente, laddove la "concorrenza" consiste nella determinazione, da parte dello Stato, dei principi fondamentali della materia, e nell'attribuzione alle Regioni della competenza a disciplinare in modo specifico la materia in questione;
- che tutte le materie non comprese nei due elenchi sono disciplinate dalle Regioni (potestà legislativa residuale delle Regioni).

Per comprendere come funziona questo schema si devono tener presente alcuni fattori molto importanti che assumono rilievo nella ripartizione di competenze tra Stato centrale e Regioni, che provvediamo ad elencare di seguito.

- Innanzitutto gli **obblighi internazionali**: mentre in precedenza era solo la legislazione regionale ad essere tenuta al rispetto degli obblighi internazionali contratti dallo Stato, il nuovo comma 1 dell'articolo 117 sembra parificare la posizione del legislatore regionale e quella del legislatore statale, vincolando entrambi al rispetto, oltre che degli obblighi comunitari, anche degli obblighi derivanti dal diritto internazionale. Il comma 9 del suddetto articolo dispone inoltre che alle Regioni è consentito di stipulare accordi con stati esteri e intese con enti territoriali interni ad altri stati, rinviando alla legge statale la disciplina dei casi e delle forme con cui questa facoltà può essere esercitata.
- possono assumere rilievo poi delle **interferenze statali nelle materie regionali**: tra le competenze esclusive dello Stato ve ne sono infatti alcune che tagliano le materie di competenza regionale (chiamate materie trasversali). Sono riservati allo Stato la tutela della concorrenza, l'ordinamento civile e penale, la determinazione dei livelli essenziali delle prestazioni concernenti i diritti civili e sociali e le funzioni

fondamentali degli enti locali. Ciò consente allo Stato di imporre scelte uniformi sul piano nazionale, ma queste ultime costituiscono senz'altro un'area normativa caratterizzata da una forte conflittualità tra Stato e Regioni.

- la **sussidiarietà**: l'articolo 118 della Costituzione introduce questo particolare principio, per cui l'ente gerarchicamente superiore è tenuto a svolgere determinati compiti solo quando ciò è impossibile per l'ente sottostante, come criterio di distribuzione delle funzioni amministrative. Esso a volte consente uno sconfinamento dello Stato dalle sue materie, ma in questi casi la Corte Costituzionale richiede che sia rispettato il principio di leale collaborazione, ovvero, nel caso di specie, che le Regioni siano fortemente coinvolte nelle decisioni.

- la **successione delle leggi nel tempo** pone un problema di non poco conto, e ancora tutto da risolvere: ci si chiede come potrà lo Stato imporre alle Regioni il rispetto delle proprie leggi, soprattutto di quelle nuove, che fissano i principi fondamentali nelle materie di competenza concorrente (legge cornice), in presenza di precedenti leggi regionali contrastanti.

- la **potestà legislativa delle Regioni speciali**: i vecchi Statuti speciali restano formalmente in vigore: le modifiche apportate dalla legge costituzionale n. 2/2001 riguardano, come si è detto, la forma di governo, ma non le competenze. Per questo aspetto essi restano legati alla vecchia logica, per cui si elencano le attribuzioni regionali (e non quelle statali come nel "nuovo" articolo 117 della Costituzione); essi contengono diversi elenchi di materie di competenza regionale, divisi secondo il "livello" di potestà regionale:

1. la potestà esclusiva. È la più ampia e caratteristica, considerato che le regioni ordinarie ne sono prive e che

essa è pertanto riservata alle sole Regioni ad autonomia speciale. La potestà esclusiva è caratterizzata da un legame con la legislazione statale rappresentato da due limiti specifici: anzitutto il limite dei principi generali dell'ordinamento giuridico, che consistono in orientamenti o criteri direttivi di così ampia portata o così fondamentali da potersi desumere solo dalla disciplina legislativa relativa a più settori materiali. Sono per lo più norme non scritte, principi generalissimi non posti dalle singole leggi ma ricavabili dall'insieme della legislazione (ad esempio, il principio di annualità del bilancio o il principio del giusto procedimento amministrativo). In secondo luogo, il limite delle norme fondamentali delle riforme economico-sociali: pensato per poter far applicare le riforme strutturali anche nelle Regioni speciali, è diventato lo strumento di cui lo Stato dispone per imporre in tutte le Regioni i principi innovativi di tutte le leggi di riforma.

2. la potestà concorrente (non prevista nel solo Statuto della Valle d'Aosta), che incontra gli stessi limiti della omologa competenza delle regioni ordinarie (ma sono diverse le materie elencate);

3. la potestà integrativa o attuativa, che consente alla Regione speciale di emanare norme, in alcune specifiche materie, per adeguare la legislazione dello Stato alle particolari esigenze regionali per cui sono elencate le materie di competenza regionale.

Dopo che la riforma del Titolo V ha mutato la logica del riparto delle funzioni tra Stato e Regioni, la potestà esclusiva appare un residuo giurassico di fronte alla potestà residuale riconosciuta alle Regioni ordinarie, che potrebbe sembrare più libera dai vincoli che limitano la potestà esclusiva delle Regioni speciali. Questo problema non è stato risolto, e la riforma si limita a introdurre la clausola di maggior favore per cui "sino all'adeguamento dei rispettivi statuti, le disposizioni della presente legge costituzionale si applicano anche alle Regioni a statuto speciale ed alle province autonome di Trento e Bolzano per le parti in cui prevedono forme di autonomia più ampie rispetto a quelle già attribuite". L'articolo 116, al comma 3, consente di concedere, a singole Regioni ordinarie, forme e condizioni particolari di autonomia in materia di organizzazione della giustizia di pace, di istruzione, di tutela dell'ambiente, nonché in tutte le materie concorrenti.

4.3. I REGOLAMENTI REGIONALI

Le riforme costituzionali hanno inciso sulla funzione regolamentare delle Regioni sia per quanto riguarda la competenza degli organi, sia per l'estensione del potere.

- la Costituzione, prima della riforma introdotta con la Legge costituzionale n. 1/1999, dettava una normativa gravida di conseguenze per quanto riguarda i regolamenti regionali: il potere regolamentare era attribuito al Consiglio regionale (organo legislativo) anziché alla Giunta (organo esecutivo). Questo oggi vale per le sole Regioni ad ordinamento comune, perché nelle Regioni speciali è lo Statuto a disciplinare l'argomento (in genere riconoscendo poteri regolamentari alla Giunta).

- la Riforma del Titolo V, inoltre, ha introdotto il principio di parallelismo tra funzioni legislative e funzioni regolamentari: il governo può emanare regolamenti solo sulle materie di esclusiva competenza statale.

- nella gerarchia delle fonti dell'ordinamento regionale, i regolamenti sono sottoposti alle leggi, le quali sono sottoposte alle Statuto, che è chiamato a decidere se le leggi possano liberamente disporre della funzione regolamentare (cioè stabilire se, quando e chi possa emanare regolamenti amministrativi), oppure se vi siano oggetti che sono di competenza riservata ai regolamenti.

4.4. LE FONTI DEGLI ENTI LOCALI

La riforma del Titolo V ha modificato anche la posizione costituzionale degli enti locali e delle loro fonti normative. La pari ordinazione degli enti locali, delle Regioni e dello Stato quali componenti che costituiscono la Repubblica (articolo 114, comma 1, della Costituzione) ha riflessi anche sul piano del sistema delle fonti.

Il comma 2 dell'articolo 114 attribuisce rilevanza costituzionale agli statuti degli enti locali, mentre l'articolo 117, al sesto comma, riconosce ad essi la potestà regolamentare in ordine alla disciplina dell'organizzazione e dello svolgimento delle funzioni loro attribuite. Se è nella Costituzione che gli enti locali ritrovano il fondamento della loro autonomia, è la legge a determinare le competenze e le modalità di esercizio. L'autonomia normativa degli enti locali si svolge con atti subordinati alla legge statale e regionale.

La Costituzione attribuisce alla competenza esclusiva del legislatore statale la disciplina della legislazione elettorale degli enti locali, degli organi di governo e delle loro funzioni fondamentali. Spetta alla legge statale o regionale, secondo le rispettive competenze, conferire agli enti locali le altre funzioni secondo i principi di sussidiarietà, differenziazione e adeguatezza.

4.4.1. Gli statuti

La legge n. 142/1990, assorbita ora nel Testo Unico delle leggi sull'ordinamento degli enti locali, prevede che Comuni e Province si dotino di uno Statuto, approvato dal Consiglio con maggioranze particolari, che devono dettare le norme fondamentali sull'organizzazione dell'ente (rapporti tra gli organi, ordinamento degli uffici e dei servizi pubblici e così via). Gli Statuti degli enti locali hanno una loro "competenza riservata" e non sono vincolati alle disposizioni di dettaglio contenute nella legislazione vigente.

4.4.2. I regolamenti

Comuni e Province adottano, infine, regolamenti nelle materie di propria competenza, ed in particolare per la propria organizzazione e il proprio funzionamento (articolo 7 del Testo Unico). Il Regolamento è uno strumento normativo tipico degli enti locali e serve non solo all'organizzazione dell'ente, ma anche a disciplinare le materie di sua competenza. Benché si tratti di fonti secondarie, esse sono percepite molto dai cittadini poiché regolano la loro attività ai livelli più immediati (urbanistica, commercio, trasporto).

Capitolo Quinto
Atti e provvedimenti amministrativi

Le fonti del diritto, e in particolare gli atti normativi, pongono regole **generali** (nel senso che si rivolgono all'intera collettività) e **astratte** (nel senso che valgono in qualsiasi tempo e circostanza). Gli individui e i loro comportamenti sono invece particolari e concreti. È compito dei soggetti che si occupano dell'applicazione del diritto rapportare le norme giuridiche, generali e astratte, ai casi concreti e specifici.

La Pubblica Amministrazione agisce attraverso atti amministrativi, che si caratterizzano come veri e propri atti giuridici che danno luogo a effetti giuridici. Attraverso essi la Pubblica Amministrazione esercita i propri poteri attribuiti dalla legge. La categoria degli atti giuridici è molto generica. In essi rientrano atti normativi (generali e astratti) quali i regolamenti amministrativi dello Stato, delle Regioni, e degli enti locali, atti di programmazione che determino piani e programmi per la realizzazione degli obiettivi che l'azione amministrativa si propone, direttive amministrative di indirizzo che orientano gli organi amministrativi, o anche meri atti amministrativi che non hanno, però, rilevanza esterna. Gli atti amministrativi che producono effetti esterni, e che influiscono sulle situazioni giuridiche dei soggetti cui sono destinati, creando nuovi diritti o doveri, si chiamano **provvedimenti amministrativi**. Di regola il provvedimento amministrativo è l'atto finale del procedimento amministrativo che si articola in diverse fasi: l'iniziativa, l'istruttoria, l'acquisizione dei pareri, la decisione, e così via.

I provvedimenti amministrativi hanno in comune alcune caratteristiche, che andiamo ad elencare di seguito.

- **unilateralità e autoritarietà:** con questi termini si indica la particolare forma di potere che contraddistingue l'autorità amministrativa, la quale agisce unilateralmente perché non è condizionata dal consenso del destinatario, e autoritariamente per la prevalenza dell'interesse pubblico che persegue. Questi caratteri non vanno considerati in senso assoluto, perché l'impulso di un provvedimento amministrativo può anche partire dal privato (per esempio la concessione edilizia, l'esonero delle tasse scolastiche, l'autorizzazione per aprire un esercizio commerciale). Gli atti "sfavorevoli", però, manifestano il carattere dell'imperatività, cioè la capacità della Pubblica Amministrazione di imporre la propria volontà sul privato (per esempio l'ordine di demolizione, o la rimozione dell'auto in divieto di sosta).

- **tipicità:** la Pubblica Amministrazione può esercitare poteri autoritativi solo se la legge glieli conferisce. Oltre a disciplinare il contenuto dei provvedimenti, la legge deve precisare anche il tipo di provvedimento amministrativo che la Pubblica Amministrazione può emanare dal punto di vista della forma (è il cosiddetto principio di nominatività).

- **esecutività e esecutorietà:** con questi termini si indica l'idoneità dei provvedimenti amministrativi ad essere direttamente esecutivi, senza la necessità di un preventivo intervento del giudice, nonché la capacità che la legge riconosce talvolta all'amministrazione di portare direttamente in esecuzione coattiva determinati provvedimenti.

5.1 TIPOLOGIA DEI PROVVEDIMENTI AMMINISTRATIVI

I provvedimenti amministrativi possono distinguersi tra provvedimenti favorevoli e provvedimenti sfavorevoli.

- i provvedimenti favorevoli (o "ampliativi", in quanto ampliano la sfera giuridica del privato) sono i seguenti:

    1. le **autorizzazioni**, provvedimenti attraverso i quali viene consentita un'attività che in linea di principio è ammessa, ma di cui la legge vieta in concreto l'esercizio senza un apposito permesso dell'amministrazione (licenze, patenti, nulla osta). Comportano di regola una certa misura di discrezionalità tecnica, ma in alcuni casi l'amministrazione dispone di una discrezionalità amministrativa molto ampia (autorizzazioni che comportano solo una discrezionalità tecnica sono ad esempio quelle per il rilascio di patente, carta di circolazione, licenza di abitabilità e agibilità; autorizzazioni che comportano discrezionalità amministrativa sono invece ad esempio quelle di polizia, o le licenze per porto d'arma). L'autorizzazione si limita a rendere lecito per l'interessato un comportamento che altrimenti gli sarebbe interdetto, senza però che venga ad esistenza un rapporto giuridico di durata tra l'autorizzato e l'amministrazione. La pubblica amministrazione esercita in generale sui comportamenti autorizzati un potere di vigilanza ed eventuali abusi possono quasi sempre condurre alla decadenza o al ritiro dell'autorizzazione.

    2. le **concessioni** sono atti con i quali l'amministrazione attribuisce a privati speciali diritti di usare beni pubblici, o di gestire servizi pubblici, o anche di eseguire opere

pubbliche. Dalla concessione sorgono per il concessionario veri e propri diritti, la cui controparte è la stessa Pubblica Amministrazione. Sorge perciò un rapporto giuridico tra amministrazione concedente e concessionario. Tratto caratteristico del rapporto concessionario è il fatto che la pubblica amministrazione può sempre porre temine ad esso revocando la concessione data se l'interesse pubblico lo richiede.

3. le **ammissioni** sono provvedimenti con i quali un privato viene ammesso a far parte di una pubblica istituzione (una scuola ad esempio, oppure un ordine professionale).

4. gli **esoneri** e le **esenzioni** sono invece provvedimenti con i quali qualcuno viene liberato da un onere che altrimenti graverebbe su di sé. La possibilità e le condizioni dell'esonero devono essere stabilite dalla legge (esemplificativi possono essere gli esoneri dalle tasse universitarie, o le esenzioni dal servizio militare).

5. gli **incentivi**, infine, sono provvedimenti che consistono principalmente in contributi e sovvenzioni: atti con i quali vengono erogate somme di denaro per fini di interesse pubblico.

- i provvedimenti sfavorevoli (od "oblatori", o "privativi") incidono invece negativamente nella sfera giuridica del privato, limitandolo o privandolo del tutto di un determinato diritto. Essi sono:

1. l'**ordine**, un provvedimento che fa nascere nel destinatario un obbligo che prima non esisteva. In forza del principio di legalità, un'amministrazione può rivolgere ordini solo nei casi previsti dalla legge (ad esempio la chiamata alle armi, o l'ordine di demolizione). Gli ordini sono spesso atti esecutivi.

2. l'**espropriazione** è il provvedimento con il quale l'autorità amministrativa, in vista della costruzione di un'opera di pubblica utilità, trasferisce il diritto di proprietà di un immobile dal precedente proprietario (espropriato) a chi realizza l'opera (espropriante). Dall'espropriazione deriva un diritto (indennità) ed un corrispondente obbligo per il beneficiario dell'espropriazione. L'espropriazione riguarda beni immobili, ma in casi del tutto eccezionali è ammessa la requisizione in proprietà di certi mobili come ad esempio i veicoli.

3. le **occupazioni** sono provvedimenti che riguardano beni immobili, i quali vengono per un certo periodo sottratti alla disponibilità del proprietario e occupati per un diverso uso. Due esempi classici sono l'occupazione d'urgenza, che di solito precede l'espropriazione (per l'inizio dei lavori o in caso di calamità), e l'occupazione temporanea prevista per l'estrazione di materiale, per deposito o magazzino. L'occupazione non può durare più di cinque anni.

4. la **requisizione in uso** è un provvedimento mediante il quale il proprietario viene temporaneamente privato della disponibilità di beni mobili o immobili.

5. le **sanzioni** sono provvedimenti di decadenza o di revoca. Vi sono poi sanzioni disciplinari che colpiscono il comportamento scorretto di coloro che appartengono, o sono comunque collegati, ad una pubblica istituzione (impiegati pubblici). C'è poi il campo delle sanzioni pecuniarie che conseguono alle contravvenzioni. In alcuni casi è prevista anche la sanzione della confisca di un bene collegato al comportamento illecito.

I provvedimenti amministrativi generali sono quelli rivolti non ai singoli, ma all'intera collettività, ad esempio quelli che fissano determinate tariffe, o determinano la localizzazione di una serie di impianti. Particolarmente importanti sono quei provvedimenti amministrativi generali che hanno effetti conformativi della proprietà, ad esempio i piani urbanistici e i piani regolatori generali.

5.2 VIZI DEL PROVVEDIMENTO AMMINISTRATIVO

I vizi del provvedimento amministrativo ne compromettono la validità.

Il provvedimento diventa efficace quando, a conclusione del procedimento, si sia svolta anche la fase di integrazione dell'efficacia, ossia i controlli preventivi eventualmente previsti dalla legge e le forme di comunicazione, notificazione o pubblicazione prescritte. Il provvedimento è valido quando è conforme alle norme vigenti, e quindi alle regole e ai principi posti dalle fonti del diritto. I casi di invalidità, detti anche vizi del provvedimento amministrativo, si distinguono in due ampie categorie:

-   casi di nullità dell'atto amministrativo;

-   casi di illegittimità.

La **nullità** è causata da motivi tanto gravi da impedire che l'atto amministrativo perfezioni la sua formazione. La nullità colpisce l'atto (ai sensi della legge n. 241/1990):

-   per la mancanza di "elementi essenziali" nell'oggetto dell'atto (che non può essere indeterminato o inidoneo), nel contenuto (che deve essere lecito), nella volontà del soggetto agente (che sarebbe viziata, per esempio, in caso di violenza fisica) e nella forma essenziale (quando una determinata forma è prescritta dalla legge);

- per difetto assoluto di attribuzione, perché emesso da un soggetto sprovvisto di autorità amministrativa o da un'autorità assolutamente incompetente (incompetenza assoluta);
- perché è stato adottato "in violazione o elusione del giudicato", ossia contro una decisione definitiva del giudice.

Le conseguenze che derivano dalla nullità dell'atto amministrativo, che assume rilievo solo a seguito di una dichiarazione di nullità da parte del giudice amministrativo, sono radicali, perché il vizio non è sanabile e l'eventuale esecuzione di un provvedimento nullo può essere fonte di illecito.

L'illegittimità dell'atto amministrativo copre l'intera area del contrasto tra l'atto e le norme vigenti che si inserisce, da un lato, tra le ipotesi gravissime e rare della nullità; dall'altro lato tra quelle lievi che rientrano nella mera irregolarità e che sono prive di conseguenze per la validità dell'atto, comportando al massimo l'emanazione di sanzioni disciplinari per il funzionario che le ha commesse.

I vizi di illegittimità degli atti amministrativi sono divisi in tre categorie, che riportiamo di seguito.

- **incompetenza**: si ha quando il provvedimento è emanato da un'amministrazione che ha la potestà sulla materia (altrimenti vi sarebbe nullità per carenza di potere, detta anche incompetenza assoluta), ma da un organo incompetente (e in questo caso è definita "incompetenza relativa"). Esempio classico è quello del provvedimento emanato dal Sindaco o del Presidente della Regione al posto del dirigente che avrebbe dovuto provvedervi per legge.
- **violazione di legge**: è il contrasto tra il provvedimento ed una qualsiasi norma giuridica vigente. La legge n. 15/2005 nega l'annullabilità dei provvedimenti adottati in violazione di norme sul procedimento o sulla forma degli atti qualora, per la natura vincolata del provvedimento, sia palese che il

suo contenuto dispositivo non avrebbe potuto essere diverso da quello in concreto adottato. Il provvedimento non è annullabile per mancata comunicazione dell'avvio del procedimento qualora l'amministrazione dimostri in giudizio che il contenuto del provvedimento non avrebbe potuto essere diverso da quello in concreto adottato. Il vizio specifico di violazione della legge rappresenta una figura residuale, che contiene tutte quelle ipotesi di violazione di norme vigenti che non toccano la competenza dell'organo né l'uso della discrezione amministrativa, la quale è oggetto specifico dell'eccesso di potere.

- **eccesso di potere**: è il vizio specifico della discrezionalità amministrativa. Esso non può colpire gli atti vincolati della pubblica amministrazione. Nasce dal tentativo storico del giudice di annullare i provvedimenti amministrativi che, benché non presentassero contrasti puntuali con le disposizioni vigenti, si manifestassero chiaramente viziati nel ragionamento e nelle valutazioni attraverso le quali si è formata la volontà dell'organo amministrativo. I "vizi" di questo tipo sono stati classificati in "figure sintomatiche" dell'eccesso di potere. Le figure sintomatiche dell'eccesso di potere sono le ipotesi tipiche, elaborate dalla giurisprudenza, di difetti nel processo di formazione delle scelte discrezionali della pubblica amministrazione. Riportiamo qui di seguito alcune di tali ipotesi.

1. sviamento di potere: il potere amministrativo è sviato quando un provvedimento, previsto dalla legge per tutelare un determinato interesse, viene impiegato per un fine del tutto diverso. Perseguendo un fine diverso da quello tutelato da quel tipo di provvedimento si viola la sua tipicità.

2. travisamento dei fatti: si ha quando il provvedimento si basa su una erronea ricostruzione delle circostanze (ad esempio, un palazzo viene identificato come antico quando invece non lo è);

3. contraddittorietà interna o evidente illogicità: colpisce il provvedimento che muove da premesse in contrasto con la decisione o di per sé inconsistenti (ad esempio l'attribuzione, in un concorso, di un punteggio per ogni test diverso a seconda delle quantità di risposte che il candidato ha dato). La contraddizione può anche manifestarsi tra provvedimenti in qualche modo connessi (contraddizione tra più provvedimenti).

4. disparità di trattamento: è il classico caso di violazione del principio di eguaglianza.

5. vizi della motivazione: tutte le figure sintomatiche portano il giudice a controllare la motivazione. La motivazione dei provvedimenti amministrativi discrezionali è obbligatoria (l'assenza, infatti, costituisce un caso di violazione di legge), e dalla motivazione il giudice può ricostruire non solo le fasi del procedimento, ma anche gli elementi che hanno portato alla decisione, e quindi gli eventuali "sintomi" dell'eccesso di potere. In alcuni casi è la stessa motivazione a manifestarsi "viziata", perché presenta palesi contraddizioni, è incerta, insufficiente, e così via.

6. violazione delle prassi amministrative: si ha quando l'amministrazione, senza un'adeguata motivazione, si discosta da circolari, direttive o anche dalla precedente costante interpretazione di una disposizione.

7. ingiustizia manifesta: ad esempio per lesione della proporzionalità tra infrazione e sanzione.

Le figure sintomatiche sono state elaborate per sindacare dall'esterno le scelte discrezionali dell'amministrazione, per quegli errori del processo di formazione della volontà della Pubblica Amministrazione che sono percepibili da parte di un soggetto (il giudice) cui la legge non attribuisce il potere di valutare l'opportunità delle scelte da compiere, e che dunque non può entrare nel merito amministrativo. Il giudice, a cui il privato cittadino si rivolge per chiedere la tutela dei propri interessi contro i provvedimenti amministrativi, non può giudicare se la decisione assunta dall'amministrazione sia più o meno opportuna; ciò che può fare è controllare che essa sia corretta, corrispondente alle norme vigenti e non viziata da errori di percorso. Siccome il procedimento è costituito da una serie ordinata di atti rivolti alla produzione del provvedimento, il vizio che colpisce anche uno solo di questi atti si riflette sulla validità del provvedimento finale, che potrà essere dichiarato illegittimo per invalidità derivata dell'illegittimità di un atto del procedimento.

5.2.1 L'autotutela

La **sanatoria** è un insieme di strumenti mediante i quali la Pubblica Amministrazione ripara i vizi da cui è affetto un provvedimento che essa ha emanato, prima che il provvedimento stesso venga annullato da un giudice. Ad esempio, se l'atto è viziato per incompetenza, esso si considera sanato nel caso in cui sia ratificato dall'organo competente. Se invece i vizi riguardano il procedimento (per esempio, manca un parere o un'attività istruttoria), il provvedimento in alcuni casi può essere sanato se interviene in seguito l'atto mancato (in questi casi si parla di convalida). Ovviamente non tutti i vizi sono sanabili. In questi casi l'amministrazione può procedere (in autotutela) emanando un ulteriore provvedimento, ossia l'annullamento d'ufficio, un atto discrezionale. L'amministrazione deve provvedere all'annullamento "entro un termine ragionevole e tenendo conto degli interessi dei destinatari e dei controinteressati". È discrezionale anche un altro provvedimento di secondo grado, la revoca, che non riguarda i provvedimenti viziati, ma toglie efficacia ad un provvedimento in vigore per ragioni connesse al mutamento dell'interesse pubblico o della situazione di fatto. Il Governo dispone inoltre di un potere di annullamento d'ufficio di ogni atto amministrativo emanato da qualsiasi autorità amministrativa, sempre per motivi di illegittimità e in nome di uno specifico interesse pubblico. È un potere a carattere straordinario riconosciuto dalla legge a tutela dell'unità dell'ordinamento. Ne sono immuni solo gli atti amministrativi delle Regioni.

5.3 TUTELA NEI CONFRONTI DEGLI ATTI AMMINISTRATIVI

Tutta la teoria del provvedimento amministrativo, della discrezionalità, dei vizi e dell'eccesso di potere in particolare è finalizzata ad un unico obiettivo: garantire al cittadino la tutela dei propri interessi, pur mantenendo fermo il principio che l'interesse pubblico prevale su quello privato.

La tutela degli interessi del privato può giovarsi di due strade:

- il ricorso amministrativo, un'istanza che il privato rivolge all'amministrazione per chiedere l'annullamento o la revoca di un provvedimento illegittimo o semplicemente inopportuno;

- il ricorso giurisdizionale, lo strumento con cui il privato impugna il provvedimento illegittimo di fronte al giudice, rivolgendosi dunque ad un organo terzo.

5.3.1 Ricorsi amministrativi

Vi sono quattro tipi di ricorso amministrativo:

-   il **ricorso gerarchico proprio** è un rimedio riconosciuto in via generale, salvo che la specifica legge che riguarda l'atto non lo escluda, attraverso il quale il privato può chiedere all'organo gerarchicamente superiore a quello che ha emanato l'atto di annullare, revocare o riformare l'atto amministrativo che lo riguarda, invocando sia motivi di legittimità che di merito. Il ricorso va presentato entro 30 giorni dalla data in cui l'atto è stato notificato ed è considerato respinto se entro 90 giorni l'amministrazione non risponde;

-   il **ricorso gerarchico improprio** è un rimedio di carattere eccezionale, perché proponibile solo se previsto dalla legge, e consiste nell'istanza rivolta ad un organo diverso dal superiore gerarchico, e che deve essere individuato dalla legge stessa;

-   il **ricorso in opposizione** è un rimedio di carattere eccezionale, consistente appunto in un ricorso da rivolgere allo stesso organo che ha emanato l'atto, nel tentativo di fargli cambiare idea, e che, a differenza di un semplice reclamo (sempre ammesso), ha il vantaggio di obbligare in ogni caso l'amministrazione a rispondere e di sospendere i termini di decadenza dal ricorso giurisdizionale;

-   il **ricorso straordinario al Capo dello Stato** è uno strumento generale che ha due caratteristiche particolari: può essere proposto solo se non ci sono altri ricorsi amministrativi disponibili ed è alternativo al ricorso giurisdizionale; la sua proposizione deve avvenire, come nel caso del ricorso giurisdizionale, solo per motivi legittimità, e ha il solo vantaggio di essere proponibile entro 120 giorni dalla notificazione o dalla conoscenza dell'atto, mentre il ricorso giurisdizionale è proponibile entro 60 giorni. La decisione del ricorso, formalmente imputabile al Presidente della Repubblica, è in larga parte determinato dal parere obbligatorio del Consiglio di Stato.

5.3.2. Il ricorso giurisdizionale.

L'articolo 113 della Costituzione dispone che, contro gli atti della Pubblica Amministrazione, è sempre ammessa la tutela giurisdizionale dei diritti e degli interessi legittimi dinanzi agli organi di giurisdizione ordinaria e amministrativa. Quindi il privato, destinatario di un provvedimento illegittimo, può impugnare il provvedimento direttamente davanti al giudice. La nostra Costituzione ha previsto che i conflitti tra i privati e la Pubblica Amministrazione non siano decisi dai giudici ordinari, ma da un giudice speciale, chiamato **giudice amministrativo**. Lo scopo di tale decisione è quello di garantire che la legittimità degli atti della pubblica amministrazione sia giudicata da un giudice speciale che abbia una formazione diversa da quella degli altri giudici; che conosca il funzionamento dell'amministrazione, ma allo stesso tempo presenti le indispensabili garanzie di terzietà rispetto alle parti in causa. Tuttavia, la Costituzione prevede un riparto di giurisdizione: quando il cittadino e l'amministrazione stanno sullo stesso piano, il giudice competente è quello ordinario, cioè il giudice civile; quando il conflitto è tra l'interesse pubblico e l'interesse del privato la competenza è del giudice amministrativo.

5.3.3. Diritto soggettivo e interesse legittimo

Si ha un diritto soggettivo quando un determinato bene è

garantito dall'ordinamento giuridico. L'acquisto o il godimento del bene è indipendente dall'intervento della pubblica amministrazione.

Il diritto del privato, però, può scontrarsi con un interesse pubblico e trovarsi quindi di fronte all'amministrazione che è chiamata a tutelarlo: l'autorità amministrativa può infatti avere il potere il limitare o sopprimere quel diritto (ad esempio, in caso di esproprio). Anche quando il privato subisce una compressione del suo diritto soggettivo, in nome della prevalenza dell'interesse pubblico perseguito dall'amministrazione, l'ordinamento gli garantisce l'interesse alla legittimità dell'azione amministrativa. Questa situazione soggettiva prende il nome di interesse legittimo, che può essere definito come la situazione di vantaggio che si possiede di fronte al potere dell'amministrazione e che si sostanzia nella garanzia della legittimità dell'atto amministrativo. Si ha giurisdizione del giudice ordinario quando l'amministrazione ha agito priva di autorità, perché ha agito in carenza assoluta di potere, in quelle circostanze che comportano la nullità del provvedimento; si ha giurisdizione del giudice amministrativo quando l'amministrazione ha agito con autorità, ma il privato ritiene che il provvedimento presenti vizi di illegittimità che ne potrebbero causare l'annullamento.

Capitolo Sesto
Organizzazione costituzionale in Italia

6.1 FORMA DI GOVERNO ITALIANA: EVOLUZIONE E CARATTERI GENERALI

Quella della Repubblica Italiana, così come delineata dalla Costituzione, è una forma di governo parlamentare a debole razionalizzazione, in cui cioè sono previsti solo limitati interventi del diritto costituzionale per assicurare la stabilità del rapporto di fiducia e la capacità di direzione politica del Governo.

La razionalizzazione costituzionale del rapporto di fiducia, articolo 94 della Costituzione, è diretta a garantire la stabilità del Governo. La Costituzione contempla la mozione di sfiducia, che è l'atto con cui il Parlamento interrompe il rapporto di fiducia con il Governo, obbligandolo alle dimissioni. La mozione di sfiducia, al pari di quella iniziale di fiducia, deve essere motivata e votata per appello nominale: in sostanza i parlamentari sono chiamati uno alla volta ad esprimere il proprio voto, secondo il dettato dell'articolo 94, comma 2. Ciò comporta una chiara assunzione di responsabilità politica, e impedisce il fenomeno dei cosiddetti franchi tiratori (nel gergo parlamentare sono detti così i deputati e i senatori che ricorrono al voto segreto per minare la maggioranza). Inoltre, secondo il comma 5 dell'articolo 94, la mozione di sfiducia deve essere firmata da almeno un decimo dei componenti di un ramo del Parlamento, e non può essere messa in discussione prima di tre giorni dalla sua presentazione. In questo modo si assicura un periodo di riflessione prima della votazione della sfiducia e si scoraggiano i colpi di mano, i cosiddetti assalti alla diligenza. La Costituzione, al comma 4 dell'articolo 94, precisa che il voto contrario di una o di entrambe le Camere su una proposta del Governo non comporta obbligo di dimissioni. L'altro aspetto della disciplina costituzionale del rapporto di fiducia è la previsione secondo cui il Governo, entro dieci giorni dalla sua formazione, deve presentarsi alle Camere per ottenere la fiducia, che viene accordata o respinta sempre con una mozione motivata e votata per appello nominale, ai sensi dell'articolo 94, comma 3. Ciò significa che il Governo deve avere una maggioranza che lo sostiene, senza la quale non riuscirebbe a ottenere la fiducia iniziale richiesta dalla Costituzione. Si tratta in questo caso di una maggioranza politica, diversa dalla maggioranza aritmetica prevista dall'articolo 64, comma 3, ai fini dell'approvazione delle deliberazioni parlamentari.

Dalla disciplina descritta deriva la ratio costituzionale della questione di fiducia, che può essere posta dal Governo su sua iniziativa: in questo caso il Governo dichiara che, ove la sua proposta non dovesse essere approvata dal Parlamento, trattandosi di una proposta necessaria per l'attuazione dell'indirizzo concordato con la maggioranza, riterrà venuta meno la fiducia di quest'ultima e come conseguenza rassegnerà le sue dimissioni. La questione di fiducia, quindi, è uno strumento che il Governo utilizza per esercitare una pressione sulla maggioranza (ponendo l'alternativa tra approvazione del disegno di legge e crisi), affinché resti compatta e coerente con le scelte di indirizzo su cui si basa il rapporto di fiducia con il Governo.

Nel corso della storia repubblicana si è parlato anche di governi ponte, governi di transizione, governi tecnici, ma giova ricordare che queste figure non hanno un'identità costituzionale precisa, fondandosi invece sulla caratterizzazione politica che le forze parlamentari e i partiti intendono attribuire di volta in volta all'esecutivo sul piano della comunicazione.

La base ideologica su cui si è costituita l'identità della democrazia italiana è stata certamente molto variegata, considerato che, all'interno dell'Assemblea Costituente, erano presenti partiti di ispirazione politica assai eterogenea, che andavano dalla Democrazia Cristiana al Partito Comunista, e che rappresentavano principalmente il continuum ideale della lotta di liberazione nazionale dal nazifascismo. Questo periodo va convenzionalmente sotto il nome di Prima Repubblica.

Si delineò in questo modo un sistema politico a multipartitismo esasperato, caratterizzato dall'elevato numero di partiti e contraddistinto da una notevole distanza ideologica tra i partiti stessi. In un sistema con ampie divaricazioni ideologiche, la forma di governo che ha garantito maggiore stabilità è stata quella delle maggioranze formate dopo le elezioni, attraverso laboriosi accordi tra i partiti. Va ricordato che tali maggioranze sono state fondate sull'esclusione permanente dei poli estremi di sinistra e destra, e si sono fondate prevalentemente sul ruolo guida della Democrazia Cristiana. Col passare del tempo, e in particolare con l'attenuarsi delle distanze ideologiche tra i partiti e il venir meno della fase più acuta della guerra fredda, la formazione postelettorale della maggioranza ha consentito la progressiva attrazione nell'area della coalizione di governo di partiti collocati alle ali estreme del sistema.

Il sistema politico, quindi, condizionava il funzionamento della forma di governo, orientandola verso il parlamentarismo compromissorio. Gli anni '90 hanno visto una profonda modificazione del sistema politico: il fatto più significativo è stato rappresentato dalla nascita di nuovi partiti e dalla scomparsa di partiti "storici" della democrazia italiana. Il sistema politico, però, è rimasto notevolmente frammentato, anche di più di quanto avveniva nel periodo precedente. La frammentazione politica è espressa in Parlamento dall'elevato numero di gruppi parlamentari.

Nel 1993, nel contesto di una generale torsione del sistema politico in direzione di un moderno bipolarismo (favorito dalla crisi delle ideologie, dalla maggiore complessità della società e dalla laicizzazione di quest'ultima), fu votato un referendum a seguito del quale il sistema elettorale mutò, da proporzionale a maggioritario. La conseguenza di ciò fu la nascita della cosiddetta Seconda Repubblica, caratterizzata da un sistema partitico bipolarista, in cui gli schieramenti a destra e a sinistra dell'arco parlamentare concorrevano tra loro per conquistare il decisivo Centro.

La formazione di una maggioranza politica, per effetto della disciplina posta dall'articolo 94 della Costituzione, costituisce una necessità istituzionale. In un sistema pluripartitico, come quello italiano, in cui nessuna forza politica ha la maggioranza assoluta dei seggi parlamentari, la maggioranza sarà necessariamente formata attraverso l'accordo tra più partiti. Tale accordo prende il nome di coalizione. Pertanto il Governo viene chiamato Governo di coalizione, per differenziarlo dai Governi monocolore (quelli cioè composti da un solo partito, come avviene ad esempio negli Stati Uniti d'America, dove vige un sistema bipartitico caratterizzato da una forte alternanza tra Partito Democratico e Partito Repubblicano). Le modalità seguite per la formazione della coalizione possono essere diverse. In particolare, vanno distinte le coalizioni annunciate davanti al corpo elettorale dalle coalizioni formate in sede parlamentare dopo le elezioni. Nel primo caso il corpo elettorale può scegliere tra coalizione alternative e quella che vince le elezioni diventa la maggioranza che esprime il Governo. Di regola, il leader che guida la coalizione nella competizione elettorale è il candidato alla carica di Presidente del Consiglio dei Ministri e sarà nominato in caso di vittoria elettorale. I partiti si impegnano con il corpo elettorale a realizzare il programma contenuto negli accordi di coalizione e la maggioranza presenta perciò un grado elevato di stabilità. Pertanto, la forma di governo si assesta secondo i moduli funzionali del parlamentarismo maggioritario, con una netta differenza di ruoli tra maggioranza e opposizione. Viceversa, le coalizioni di secondo tipo nascono da accordi tra i partiti conclusi dopo le elezioni. In questo caso ciascun partito lotta per la conquista del maggior numero di seggi parlamentari. Solamente dopo le elezioni iniziano le negoziazioni: sul tavolo del negoziato ciascun partito potrà far valere la forza che deriva dal grado di consenso elettorale ottenuto. Pertanto l'elettore non sceglie né la maggioranza né la persona che ricoprirà la carica di Presidente del Consiglio. In Italia, prima del 1994, le coalizioni sono sempre state formate dopo le elezioni attraverso complessi negoziati tra le forze politiche. È solamente a seguito della grave crisi del sistema politico iniziata nel 1992 con Tangentopoli, e in conseguenza di forti spinte popolari per l'ammodernamento del sistema politico, culminate con il già citato referendum del 1993, che la Repubblica ha iniziato a procedere nel senso di una democrazia maggioritaria, e si è passati ad un sistema basato su coalizioni formalmente annunciate al corpo elettorale. Questo percorso si è tuttavia bruscamente interrotto con le elezioni politiche del 2013 e del 2018, quando i dirompenti successi elettorali del Movimento 5 Stelle hanno trasformato di fatto il sistema partitico italiano in un tripolarismo, con quest'ultimo soggetto che veniva ad affiancarsi ai due storici campi del Centrodestra e del Centrosinistra. Oggi, con l'adesione del Movimento 5 Stelle all'alleanza di Centrosinistra guidata dal Partito Democratico, sembra assai probabile un ritorno del bipolarismo in Italia, ma la situazione è ancora troppo mutevole e sarebbe azzardato fare previsioni in vista delle elezioni del 2023.

La **crisi di Governo** consiste nella presentazione delle dimissioni del Governo causate dalla rottura del rapporto di fiducia tra il Governo ed il Parlamento (o meglio, la maggioranza). Tradizionalmente si suole distinguere le crisi parlamentari dalle crisi extraparlamentari.

Le prime sono determinate dall'approvazione di una mozione di sfiducia oppure da un voto contrario sulla questione di fiducia posta dal Governo. In questo caso il Governo è giuridicamente obbligato a presentare le sue dimissioni al Capo dello Stato. Le seconde, invece, si aprono a seguito delle dimissioni volontarie del Governo, causate da una crisi politica all'interno della sua maggioranza. A queste ultime sono assimilabili le crisi determinate dalle dimissioni del solo Presidente del Consiglio, che determinano la cessazione dalla carica dell'intero Governo (visto che è lui che ha proposto al Capo dello Stato i ministri da nominare, ai sensi dell'articolo 95 della Costituzione). Il potere dei partiti di recedere liberamente dagli accordi di maggioranza, aprendo la crisi, ha determinato la notevole instabilità dei Governi italiani. Un governo instabile non è efficiente dal punto di vista decisionale. Manca, nel nostro ordinamento, un meccanismo di salvaguardia della governabilità, che ad esempio è presente in Germania con l'istituto della "sfiducia costruttiva", per cui non è possibile sfiduciare un governo in carica, a meno di presentare un'alternativa di governo immediatamente percorribile dotata dei numeri parlamentari necessari per raggiungere la maggioranza.

Nell'esperienza repubblicana italiana ci sono stati dei casi di mozione di sfiducia individuale, cioè presentata nei confronti di un singolo ministro: la Corte costituzionale, in riferimento al cosiddetto caso Mancuso del 1995, ha ritenuto che la sfiducia individuale si inquadra nella forma di governo parlamentare prevista dalla Costituzione. Da quel momento la sfiducia individuale è diventata una pratica assai ricorrente, utilissima ad esempio per far risaltare le contraddizioni interne alla maggioranza che sostiene il Governo.

6.2. IL GOVERNO

Il Governo è un organo costituzionale complesso, formato dal Presidente del Consiglio, dai Ministri e da un organo collegiale chiamato Consiglio dei Ministri. Il Governo esercita una quota rilevante dell'attività di indirizzo politico, delle potestà pubbliche proprie della funzione esecutiva, nonché importanti poteri normativi. Il governo è l'organo costituzionale al vertice del potere esecutivo con finalità di direzione politica e di cura degli interessi concreti dello Stato. Per tali finalità ha attribuzioni sia di carattere politico che amministrativo, senza alcuna subordinazione nei confronti degli altri organi statali. È un organo:

- costituzionale;
- complesso, in quanto costituito al suo interno da più organi con competenze autonome, alcuni necessari, altri no (quelli necessari sono previsti esplicitamente dallo articolo 92 della Costituzione, mentre quelli non necessari sono il Vicepresidente del Consiglio dei Ministri, i Ministri senza portafoglio, i Commissari straordinari, i Sottosegretari di Stato, i Comitati interministeriali, il Consiglio di Gabinetto, la Conferenza permanente), le cui attività, posizioni e attribuzioni sono disciplinate e precisate dalla legge n. 400/1988;
- di parte, perché esprime la volontà delle forze politiche di maggioranza che lo sostengono mediante la fiducia.

Il Governo è, quindi, quel complesso di organi cui è affidata la funzione d'individuare e tradurre in concreti programmi d'azione l'indirizzo politico espresso dal corpo elettorale (prima) e dal Parlamento (poi), e di curare l'attuazione di tali programmi in tutti i modi in cui essa sia configurabile.

Il Governo ha funzioni:

- politiche, in quanto partecipa della direzione politica del Paese, nell'ambito dell'indirizzo indicato dalla maggioranza parlamentare;
- legislative, perché può emanare norme giuridiche mediante atti aventi forza di legge, ai sensi degli articoli 76 e 77 della Costituzione (Decreti legislativi e Decreti legge);

- esecutive (o amministrative lato senso), in quanto si trova al vertice del potere esecutivo, e in quanto ai singoli ministeri fanno capo tutti i settori amministrativi dello Stato (questa è la ragione per cui al Governo spettano anche i cosiddetti "atti di alta amministrazione");
- di controllo (tale funzione viene esercitata sull'attività di tutti gli organi amministrativi centrali, anche se attualmente ciò avviene con minor incisività rispetto al passato).

6.2.1 Le regole giuridiche sul Governo

La Costituzione è molto elastica per quanto riguarda il ruolo del Governo e le modalità della sua formazione, poiché si limita a porre poche regole e principi di struttura e di funzionamento, rinviando tutto il resto alla prassi, alle convenzioni, alla legge e agli atti di autorganizzazione dello stesso Governo.

Le regole che disciplinano il Governo possono essere riassunte come segue.

- per quanto riguarda la sua formazione, la disciplina è contenuta negli articoli 92, comma 2, 93 e 94 della Costituzione. Essi stabiliscono le seguenti regole:

    1. il Presidente della Repubblica nomina il Presidente del Consiglio (articolo 92, comma 2);

    2. i Ministri sono nominati dal Presidente della Repubblica su proposta del Presidente del Consiglio;

    3. i membri del Governo prima di assumere le loro funzioni devono giurare nelle mani del Capo dello Stato (articolo 93);

    4. entro 10 giorni dalla sua formazione, il Governo deve presentarsi alle Camere per ottenere la fiducia;

5. la fiducia è accordata o revocata mediante mozione motivata votata per appello nominale (articolo 94). Il principio fondamentale della fiducia parlamentare comporta che l'intero procedimento di formazione del Governo sia orientato all'obiettivo di ottenere la fiducia del Parlamento.

- per ciò che riguarda la struttura del Governo, l'articolo 92 si limita a citare quali sono gli organi governativi necessari, e cioè il Presidente del Consiglio ed i Ministri, che insieme danno vita ad un terzo organo, il Consiglio dei Ministri. La legge ordinaria individua gli organi governativi non necessari (come il Vicepresidente del Consiglio, i Ministri senza portafoglio, i Sottosegretari di stato, e così via).

- per quanto riguarda il funzionamento dell'esecutivo, la disciplina è contenuta nell'articolo 95, il quale poi rinvia alla legge sull'ordinamento della Presidenza del Consiglio dei Ministri (legge n.400/1988) per una più puntuale disciplina dell'organizzazione e del funzionamento del Governo; in attuazione della stessa sono stati adottati il Regolamento interno del Consiglio dei Ministri e numerosi ordini di servizio di organizzazione delle strutture del Presidente del Consiglio. Più di recente, nel 1999, è stato emanato il Decreto legislativo n. 303/1999, per il riordino dei ministeri e della Presidenza del Consiglio, che ha importanti risvolti sul funzionamento del Governo.

- per quanto concerne i rapporti con la Pubblica Amministrazione, le regole costituzionali sono fissate dagli articoli 95, 97 e 98.

6.2.2. Unità ed omogeneità del Governo

Il problema cruciale del sistema parlamentare è come assicurare unità ed omogeneità del Governo. Nel nostro sistema costituzionale, il Governo si configura come un soggetto politicamente unitario, responsabile nella sua collegialità per l'indirizzo politico che segue, e capace di dare attuazione coerente a tale indirizzo, sia nella sua attività che nei rapporti con gli altri organi costituzionali. Al di là delle definizioni di principio, tuttavia, il problema che può sorgere è di carattere eminentemente pratico, consistendo nella necessità di assicurare che il Governo si comporti effettivamente in modo unitario dal punto di vista politico. Ciò non è sempre facile, poiché l'eterogeneità dei suoi componenti, e il fatto che essi facciano capo a ideologie diverse (soprattutto nei governi di coalizione post-elettorali), sono fattori in grado di confliggere seriamente con la tendenza unitaria dell'organo costituzionale, tanto che, storicamente, è sul Consiglio dei Ministri e sulla preminenza del Presidente del Consiglio, dotato della forza politica e degli strumenti giuridici per far prevalere la forza unitaria e di indirizzo politico, che si fa leva per bloccare le iniziative dei Ministri divergenti da tale indirizzo.

L'articolo 95 della Costituzione stabilisce che:

- il Presidente del Consiglio dei Ministri dirige la politica generale del Governo e ne è responsabile;
- il presidente del Consiglio dei Ministri mantiene l'unità dell'indirizzo politico ed amministrativo del Governo, promuovendo e coordinando l'attività dei Ministri;
- i Ministri rispondono collegialmente per gli atti del Consiglio dei Ministri e individualmente per gli atti dei loro ministeri.

Quindi, il Presidente del Consiglio dirige la politica generale del Governo e mantiene l'unità dell'indirizzo politico, mentre sarà il Consiglio dei Ministri a determinare tale politica generale.

In particolare, l'articolo 95 ha consacrato formalmente tre diversi principi di organizzazione del Governo:

- il principio della responsabilità politica dei singoli Ministri, che comporta il riconoscimento dell'autonomia di ciascuno di essi nella direzione del suo dicastero;
- il principio della responsabilità politica collegiale, incentrata sul Consiglio dei Ministri;
- il principio della direzione politica monocratica, basata cioè sui poteri del Presidente del Consiglio.

6.2.3 La formazione del Governo

La formazione del Governo nelle democrazie liberali può avvenire secondo modalità diverse, ma comunque riconducibili a due modelli fondamentali:

- quello delle democrazie mediate, in cui sono i partiti, dopo le elezioni, a detenere concretamente il potere di decidere struttura e programma del Governo;
- quello delle democrazie immediate, in cui esiste una sostanziale investitura popolare diretta del capo del governo. Esse si differenziano poi a seconda del diverso ruolo riconosciuto ai partiti politici.

La forma di governo parlamentare prevista dalla Costituzione italiana esclude che il corpo elettorale formalmente possa scegliere il Presidente del Consiglio, ma la disciplina costituzionale (agli articoli 92, 93 e 94) è compatibile tanto con le modalità di formazione del Governo tipiche della democrazia mediata, quanto con la sostanziale, anche se non formale, investitura popolare del vertice del potere esecutivo.

Dopo l'apertura della crisi di Governo o dopo le elezioni, il Presidente della Repubblica procede alle **consultazioni** (non previste dal testo costituzionale), con cui si apre il procedimento di formazione del Governo. Il Capo dello Stato, nell'ambito delle consultazioni, incontra i presidenti dei gruppi parlamentari (che spesso si fanno accompagnare dagli esponenti più significativi dei rispettivi partiti), i segretari dei partiti politici, i Presidenti delle due Camere e gli ex Presidenti della Repubblica nonché tutte le altre personalità che ritenga utile sentire per venire a conoscenza delle posizioni dei partiti in ordine alla formazione del Governo e dei negoziati che, nel frattempo, si svolgono tra gli stessi.

L'**incarico** (anch'esso non previsto dal testo costituzionale) è conferito oralmente dal Presidente della Repubblica e di regola viene accettato "con riserva". Riserva che viene sciolta solo dopo che l'incaricato ha svolto con successo la sua attività. Questa consiste nell'individuazione della lista dei ministri (da proporre al Capo dello Stato per la nomina) e del programma di Governo (i cui contenuti devono ricevere il consenso dei partiti della coalizione e, quindi, l'investitura fiduciaria da parte del Parlamento). In taluni casi, in cui la situazione politica è incerta, il Presidente della Repubblica può procedere, prima di conferire l'incarico vero e proprio, al conferimento di un **preincarico** (conferito allo stesso soggetto cui il Capo dello Stato pensa di dovere successivamente conferire l'incarico per la formazione del Governo) oppure del **mandato esplorativo** (conferito ad un soggetto *super partes* che svolge un'attività istruttoria integrativa di quella effettuata dal Capo dello Sato). Tutto ciò serve al Capo dello Stato per accrescere gli elementi informativi in suo possesso, necessari per nominare un Governo che potrà godere della fiducia parlamentare. Va detto, tuttavia, che in molti casi il potere dell'attività dell'incaricato di proporre al Capo dello Stato la lista dei ministri, ai sensi dell'articolo 92 della Costituzione, è stato svuotato di contenuto sostanziale ed i partiti sono stati i reali formatori del Governo.

Esaurita l'attività dell'incaricato e formata la lista dei ministri, il Presidente della Repubblica nomina con proprio decreto il Presidente del Consiglio e quindi, su proposta di quest'ultimo, i Ministri. Dopo la nomina, entro un brevissimo periodo (di regola meno di 24 ore), il Presidente del Consiglio ed i Ministri, ai sensi dell'articolo 93 della Costituzione, prestano giuramento nelle mani del Presidente della Repubblica. Con il giuramento il Governo è immesso nell'esercizio delle sue funzioni, e perciò termina il procedimento della sua formazione. Il primo atto formale del nuovo Presidente del Consiglio dei Ministri è controfirmare i decreti di nomina di sé stesso e dei Ministri.

Il Governo è finalmente nella pienezza dei suoi poteri solo dopo aver ottenuto da entrambe le Camere il voto di fiducia. Entro 10 giorni dal giuramento, il Governo deve presentarsi alle Camere (come disciplinato dal comma 3 dell'articolo 94 della Costituzione): ivi, il Presidente del Consiglio dei Ministri espone il programma di governo, approvato dal Consiglio dei Ministri. In ciascuna Camera i parlamentari di maggioranza presentano una mozione di fiducia, che deve essere motivata e votata per appello nominale. La fiducia si intende accordata se la mozione è approvata in entrambe le Camere (a tal fine è sufficiente la maggioranza relativa).

6.2.4 I rapporti tra gli organi di Governo

Per garantire l'unità e l'omogeneità del Governo, la Costituzione fa leva sulla competenza collegiale del Consiglio dei Ministri a determinare la politica generale del Governo (principio collegiale) e sulla competenza del Presidente del Consiglio a dirigere questa politica e a mantenere l'unità dell'indirizzo politico ed amministrativo, promuovendo e coordinando l'attività dei Ministri (principio monocratico).

Il principio monocratico e il principio collegiale servono a contrastare gli eccessi di autonomia dei Ministri, che potrebbero minacciare l'unità politica del Governo, la quale dovrebbe invece esprimersi in un indirizzo politico organico ed armonico. Il coordinamento di cui parla l'articolo 95, comma 1, della Costituzione è, appunto, l'attività diretta a mantenere l'unità di azione del Governo, assicurando che le iniziative politiche e amministrative dei singoli Ministri siano attuazione dell'indirizzo generale del Governo, o che siano quantomeno compatibili con esso.

Esistono degli strumenti giuridici che rendono effettivamente possibile ai due principi di contenere gli eccessi di autonomia dei Ministri:

- il potere del Presidente del Consiglio di proporre al Capo dello Stato la lista dei Ministri da nominare;

- il potere di indirizzare direttive politiche e amministrative ai Ministri (consistenti nell'individuazione di fini politici o di principi di azione, che comunque lasciano spazio all'autonomia dei ministri in ordine alle modalità di attuazione);

- la competenza del Consiglio dei Ministri a deliberare sulle questioni che riguardano la politica generale del Governo, cioè l'indirizzo generale che si vuole seguire.

6.2.5 L'unità dell'indirizzo politico ed amministrativo nella legge n. 400/1988

La legge n. 400/1988 ha razionalizzato gli strumenti di garanzia dell'unità politica e amministrativa del Governo, e ha seguito le seguenti direttrici:

- concentrazione delle decisioni relative alla politica generale del Governo nel Consiglio dei Ministri;

- attribuzione al Presidente del Consiglio dei poteri relativi al funzionamento del Consiglio dei Ministri (in particolare, il Presidente del Consiglio convoca il Consiglio dei Ministri e ne forma l'ordine del giorno);

- attribuzione al Presidente del Consiglio di poteri strumentali rispetto al coordinamento delle attività dei Ministri. Più in dettaglio, il Presidente del Consiglio:

  1. può sospendere l'adozione di atti da parte dei Ministri competenti, sottoponendo le relative questioni al Consiglio dei Ministri;

  2. adotta le direttive politiche ed amministrative in attuazione delle deliberazioni del Consiglio dei Ministri, ovvero quelle relative alla direzione della politica generale del Governo;

  3. adotta le direttive per assicurare l'imparzialità, il buon andamento e l'efficienza della Pubblica Amministrazione;

  4. concorda con i Ministri interessati le pubbliche dichiarazioni che essi intendano rendere e che impegnano la politica generale del Governo;

  5. può istituire particolari Comitati di Ministri con il compito si esaminare in via preliminare questioni di comune competenza o esprimere pareri su questioni da sottoporre al Consiglio dei Ministri.

6.2.6 La presidenza del Consiglio dei Ministri

Per lo svolgimento dei suoi compiti, il Presidente del Consiglio dispone di una struttura amministrativa di supporto, la Presidenza del Consiglio dei Ministri. La legge n. 400/1988, così come modificata dal Decreto legislativo n. 303/1999, ha previsto che gli uffici di diretta collaborazione del Presidente del Consiglio siano organizzati nel Segretariato generale della Presidenza del Consiglio dei Ministri, cui è preposto un Segretario generale nominato con Decreto del Presidente del Consiglio dei Ministri (DPCM). Il Segretariato generale è organizzato secondo criteri di massima flessibilità, attraverso decreti emanati dallo stesso Presidente del Consiglio, con cui sono individuati i compiti delle singole strutture in cui si articola il Segretariato. Queste strutture sono di due tipi: i dipartimenti, che sono comprensivi di una pluralità di uffici accomunati da omogeneità funzionale; e gli uffici, che sono strutture generalmente allocate presso i singoli dipartimenti, ovvero dotate di autonomia funzionale.

La Presidenza del Consiglio ha sede a Palazzo Chigi, a Roma.

6.2.7 Gli organi governativi: necessari e non necessari

Sono detti "necessari" quegli organi che concorrono a determinare in via diretta la volontà del governo unitariamente considerato.

Sono detti "non necessari" quegli organi che vedono le loro attribuzioni subordinate a quelle degli organi fondamentali e non concorrono a determinare direttamente la politica generale del governo.

Gli **organi necessari** sono i seguenti.

- il Presidente del Consiglio dei Ministri:
  1. dirige la politica generale del Governo ai sensi dell'articolo 95 della Costituzione (è suo compito redigere il programma del governo e chiedere su di esso la fiducia, nonché porre, personalmente o a mezzo di

ministro delegato, le questioni su cui il governo chiede la fiducia al parlamento, ai sensi dell'articolo 5 della legge n. 400/1988);

2. mantiene l'unità di indirizzo politico e amministrativo di tutti i Ministeri fungendo da organo di coordinamento delle esigenze dei vari settori amministrativi, può disporre l'istituzione di comitati di ministri col compito di esaminare in via preliminare questioni di comune competenza, e concorda con i ministri interessati le pubbliche dichiarazioni che essi intendano rendere quando interessano la politica generale del governo, sempre seguendo il disposto della legge n. 400/1988;

3. promuove l'attività dei Ministri come organo di propulsione sollecitando gli stessi ad una pronta attuazione delle decisioni del Consiglio, e può sospendere l'adozione di atti da parte dei Ministri competenti sottoponendoli al Consiglio dei Ministri;

4. controfirma gli atti presidenziali di maggiore importanza (in generale gli atti del Presidente della Repubblica devono essere controfirmati dai ministri proponenti ai sensi dell'articolo 89 della Costituzione, e per quelli legislativi e più importanti occorre la controfirma del Presidente del Consiglio);

5. può assumere ad interim la direzione di un ministero vacante;

6. dirige l'ufficio della Presidenza del Consiglio;

7. può intervenire nei giudizi di legittimità innanzi alla Corte Costituzionale attraverso il patrocinio della Avvocatura dello Stato;

8. presiede il CIPE (Comitato Interministeriale per la Programmazione Economica);

9. ha alle dipendenze i servizi di sicurezza (SISMI e SISDE);
10. presenta alle Camere i disegni di legge d'iniziativa governativa;
11. promuove e coordina l'azione del governo relativamente alle politiche comunitarie, ai rapporti con le regioni e le province autonome.

È nominato con decreto dal Capo dello Stato, controfirmato dallo stesso Presidente del Consiglio nominato e dura in carica con il Governo stesso. Il Presidente della Repubblica non può revocarlo a meno che il Presidente del Consiglio non si dimetta a seguito di una sfiducia in Parlamento. Unici requisiti per la nomina sono la cittadinanza italiana e il godimento dei diritti civili e politici, mentre non occorre l'appartenenza alle Camere (ai sensi dell'articolo 64 della Costituzione). In sintesi, egli è nominato dal Presidente della Repubblica in seguito ad una particolare procedura che consiste in una serie di consultazioni con i rappresentanti dei partiti (solitamente i presidenti dei gruppi parlamentari) e i Presidenti delle Camere, al termine delle quali viene conferito l'incarico governativo.

- i Ministri sono organi fondamentali in numero variabile che, assieme al Capo del Governo, compongono il Consiglio dei Ministri. Ai sensi dell'articolo 95 della Costituzione sono responsabili collegialmente degli atti del Consiglio dei Ministri e individualmente degli atti dei loro dicasteri. Ciascuno è a capo di un particolare ramo della Pubblica Amministrazione chiamato Ministero o dicastero. Hanno una doppia funzione: come capi dei rispettivi ministeri, sono collocati al vertice di un ramo della Pubblica Amministrazione e sono pertanto organi amministrativi; come membri del Consiglio dei Ministri, invece, contribuiscono a definire l'indirizzo politico del Governo e sono organi costituzionali. Per quanto attiene la responsabilità dei ministri, analogamente al Presidente del Consiglio sono sottoposti per i reati ministeriali al giudizio della magistratura ordinaria dopo autorizzazione parlamentare, ai sensi dell'articolo 96 della Costituzione.

- il Consiglio dei Ministri è l'organo del Governo che riunisce in via collegiale, unitamente allo stesso Presidente del Consiglio, tutti i Ministri. Determina la politica generale del governo e l'indirizzo generale dell'azione amministrativa deliberando su tutti gli atti governativi. Ad esempio, ai sensi della legge n. 400/1988, delibera sulle dichiarazioni politiche e gli impegni programmatici del governo, i disegni di legge governativi da presentarsi al Parlamento e il loro eventuale ritiro, le questioni internazionali, i decreti con forza di legge e i regolamenti, le richieste motivate di registrazione con riserva alla corte dei conti, gli atti di indirizzo e coordinamento della attività amministrativa delle regioni. Nella prassi il principio di collegialità del consiglio è inoperante e la nota legge n. 400/1988 dà facoltà al Presidente del Consiglio di istituire un consiglio ristretto di ministri denominato Consiglio di Gabinetto (che però dal punto di vista tecnico giuridico rimane sprovvisto di poteri decisori).

Sono **organi non necessari** gli organi del Governo che non partecipano alla determinazione del suo indirizzo politico generale e conseguentemente non fanno parte del Consiglio dei Ministri (salvo alcune eccezioni). Per essi la costituzione non prevede alcunché.

La legge n. 400/1988 ha razionalizzato varie figure di organi governativi non necessari, che riassumiamo nell'elenco che segue.

- il Vicepresidente del Consiglio dei Ministri è un Ministro avente ruolo vicario nei confronti del Presidente, nell'ipotesi di supplenza per assenza di quest'ultimo. Nella pratica, tale carica si è resa utile soprattutto nei governi di coalizione a sottolineare la partecipazione di una determinata forza politica. La verità è che il Vicepresidente altro non è che un semplice Ministro, diversificato per il nome e il maggior prestigio politico, ma giuridicamente equiparato ad ogni altro componente del collegio. Le funzioni che ricopre gli sono conferite dal Consiglio dei Ministri.

- il Consiglio di Gabinetto è un organo istituito per coadiuvare il Presidente del Consiglio nell'esercizio delle sue competenze. Il suo scopo politico è spesso stato quello di riunire i Ministri che rappresentano le diverse componenti politiche della coalizione.

- i Comitati interministeriali possono essere di due tipi: quelli istituiti attraverso un'apposita legge che ne fissa composizione e competenze (ad esempio il CIPE, Comitato Interministeriale per la Programmazione Economica, che ha competenza in materia di politica economica, soprattutto mediante la fissazione di indirizzi generali e la ripartizione di risorse finanziarie in alcuni settori, o il CIACE, Comitato Interministeriale per gli Affari Comunitari Europei), e quelli istituiti con Decreto del Presidente del Consiglio, con compiti provvisori per affrontare questioni definite e funzioni prevalentemente consultive.

- i Ministri senza portafoglio sono Ministri partecipanti al Consiglio, che però non sono a capo di un dicastero, anche se svolgono funzioni loro delegate dal Presidente del Consiglio dei Ministri, sentito il Consiglio stesso (il provvedimento di nomina è pubblicato sulla Gazzetta Ufficiale).

- i Sottosegretari di Stato sono organi del Governo che coadiuvano i rispettivi Ministri nello svolgimento delle loro funzioni, svolgendo i compiti che questi delegano loro, in quanto, essendo organi vicari, non possono svolgere funzioni proprie. Essi non fanno parte del Consiglio dei Ministri e non possono partecipare alla formazione della politica generale del Governo. Sono nominati con Decreto del Presidente della Repubblica su proposta del Presidente del Consiglio, di concerto con il Ministro interessato e dopo avere sentito il Consiglio dei Ministri. Non è stabilito un numero fisso di sottosegretari, e quindi esso è materia di strategia politica per gli equilibri dei governi di coalizione (da qui il numero spesso eccessivo). Importante è la figura del Sottosegretario alla Presidenza del Consiglio, che svolge la funzione di Segretario del Consiglio dei Ministri, curando la verbalizzazione e la conservazione del registro delle deliberazioni e dirigendo l'Ufficio di Segreteria del Consiglio dei Ministri.

- i Viceministri sono quei sottosegretari (che non possono superare il numero di dieci) cui vengono conferite deleghe relative all'intera area di competenza di una o più strutture dipartimentali o di più direzioni generali (cioè delle strutture amministrative all'interno dei ministeri). Possono essere invitati dal Presidente del Consiglio con il Ministro competente alle sedute, ma non hanno diritto al voto.

- i Commissari straordinari del Governo sono nominati al fine di realizzare obiettivi specifici in relazione a programmi o ad indirizzi deliberati dal Governo o dal Parlamento, o per particolari esigenze di coordinamento operativo tra amministrazioni statali. Essi sono nominati con Decreto del Presidente della Repubblica, su proposta del Presidente del Consiglio, previa deliberazione del Consiglio.

6.2.8 Gli strumenti per l'attuazione dell'indirizzo politico

Il Governo esercita una quota rilevante dell'attività di indirizzo politico e si avvale di una molteplicità di strumenti giuridici per la sua realizzazione. La rappresentanza dell'intero Governo è assunta dal Presidente del Consiglio che controfirma le leggi e gli atti aventi forza di legge, tiene i contatti con il Presidente della Repubblica, assume decisioni proprie del Governo nei procedimenti legislativi, pone la questione di fiducia previo assenso del Consiglio dei Ministri, e manifesta all'esterno la volontà del Governo (per esempio intervenendo nei giudizi davanti alla Corte Costituzionale).

Le linee generali dell'indirizzo politico e amministrativo del Governo sono espresse nel programma di Governo, predisposto dal Presidente del Consiglio ed approvato dal Consiglio dei Ministri. Esso necessita della fiducia iniziale da parte del Parlamento (che infatti va votata con "mozione motivata").

Per attuare il suo indirizzo politico il Governo ha a disposizione una molteplicità di strumenti giuridici, ed in particolare:

- la direzione dell'amministrazione statale;
- i poteri di condizionamento della funzione legislativa del Parlamento, che riguardano sia la fase della programmazione dei lavori parlamentari, sia il procedimento legislativo vero e proprio;
- i poteri normativi di cui è direttamente titolare il Governo e che consistono nell'adozione di atti aventi forza di legge (Decreti legislativi e Decreti legge) e dei regolamenti.

6.2.9 Settori della politica governativa

Vi sono alcuni settori dell'indirizzo politico che sostanzialmente concentrano nel Governo il potere decisionale. Alcuni di essi meritano senz'altro di essere menzionati in questa sede, ciò che abbiamo provato a fare nell'elenco che segue.

- la politica di bilancio e finanziaria comprende, tra le altre cose, il documento di programmazione economico-finanziaria, il disegno di legge finanziaria, il disegno di legge di bilancio e, secondo la Costituzione, anche la legge di approvazione del bilancio. L'insieme di questi poteri di proposta, di direzione e di controllo fa capo al Ministero dell'Economia e delle Finanze. Questo Ministero costituisce il principale centro di elaborazione dell'indirizzo politico e amministrativo del Governo; esso esercita le sue competenze nei seguenti settori: politica economica, finanziaria e di bilancio, programmazione degli investimenti pubblici e degli interventi per lo sviluppo economico territoriale e settoriale, politiche dirette a ridurre i divari economici tra le diverse Regioni, gestione e dismissioni delle partecipazioni azionarie dello Stato. Particolare attenzione è il controllo della spesa pubblica, verificando l'andamento economico generale delle amministrazioni statali.

- la politica estera si sostanzia nella stipula di trattati internazionali e nelle relative attività preparatorie, nella cura dei rapporti con gli altri Stati, particolarmente nell'ambito delle organizzazioni internazionali cui l'Italia partecipa.

- la politica comunitaria concerne invece i rapporti con le istituzioni dell'Unione Europea. L'azione del Governo in questo campo è coordinata dal Presidente del Consiglio dei Ministri, che si avvale di un apposito dipartimento della Presidenza del Consiglio.

- la politica militare è uno dei settori dell'indirizzo politico e amministrativo prevalentemente rimesso al Governo ed in cui l'intervento del Parlamento è molto limitato. La

Costituzione ha disciplinato il regime di emergenza bellica con gli articoli 78 ed 87, a norma dei quali:

1. le Camere deliberano lo stato di guerra e conferiscono al Governo i poteri necessari;

2. il Capo dello Stato dichiara lo stato di guerra deliberato dalle Camere;

3. il Capo dello Stato ha il comando delle forze armate e presiede il Consiglio Supremo di Difesa, anche se la direzione politico e tecnico-militare delle forze armate rientra nell'indirizzo politico e amministrativo del Governo. I regimi di emergenza bellica si instaurano oramai con il ricorso da parte del Governo ad un Decreto legge, che prevede l'intervento militare e provvede alla copertura dei costi. Eventualmente, dopo l'avvio delle operazioni militari, il Parlamento esprime alcuni indirizzi al Governo ricorrendo all'approvazione di una specifica mozione.

- la politica informativa e di sicurezza riguarda la difesa dello Stato democratico e delle Istituzioni poste a suo fondamento dalla Costituzione. Al Presidente del Consiglio dei Ministri sono attribuiti l'alta direzione, la responsabilità della politica generale ed il coordinamento delle suddette politiche. Il Presidente del Consiglio, inoltre, può apporre il segreto di Stato su tutti gli atti, i documenti, le notizie, le attività e ogni altra cosa la cui diffusione sia idonea a recare danno alla integrità dello Stato democratico. L'apposizione del segreto di Stato può essere ricollegata alla vigenza di accordi internazionali, alla difesa delle istituzioni costituzionali, alla garanzia del libero esercizio delle funzioni degli organi costituzionali, all'indipendenza dello Stato e alla sua difesa militare.

6.2.10 Gli organi ausiliari

Gli organi ausiliari sono quegli organi cui sono attribuite funzioni di ausilio nei confronti di altri organi; tali funzioni sono prevalentemente riconducibili a compiti di iniziativa, di controllo e consultivi. Sono disciplinati nell'ambito del titolo III dedicato al Governo, sebbene svolgano funzioni ausiliarie anche nei confronti del Parlamento.

Di seguito, un elenco esaustivo di tali organi.

-   il **Consiglio Nazionale dell'Economia e del Lavoro** (CNEL) è disciplinato dall'articolo 99 della Costituzione e, in attuazione di quest'ultimo, dalla legge n. 936/1986). È composto di esperti e di rappresentanti delle categorie produttive in misura che tenga conto della loro importanza numerica e qualitativa. Secondo la legge, i componenti del CNEL sono 121, oltre al Presidente, e di essi 12 sono "esponenti della cultura economica, sociale e giuridica", 10 rappresentano le associazioni di promozione sociale e del volontariato, mentre i restanti 99 sono rappresentanti delle categorie produttive di beni e servizi nel settore pubblico e privato. Sono nominati con Decreto del Presidente della Repubblica previa deliberazione del Consiglio dei Ministri e durano in carica 5 anni. L'intento del legislatore costituzionale era quello di rappresentare direttamente nelle Istituzioni, attraverso il CNEL, interessi molteplici della società. Tuttavia, nel corso degli anni, quest'organo ha assunto un ruolo di preminenza in campo economico e sociale, svolgendo studi ed indagini nei campi di sua competenza e assumendo una sua fisionomia che non riguarda più tanto l'integrazione del sistema rappresentativo con la rappresentanza degli interessi, quanto una nuova caratterizzazione come sede autorevole di riflessione, di analisi e di studio sui grandi problemi collettivi, che le istituzioni costituzionali hanno il compito, di volta in volta, di affrontare.

- il **Consiglio di Stato** è previsto e disciplinato dall'articolo 100 della Costituzione. È un organo giuridico-amministrativo del Governo, ma svolge anche la funzione giurisdizionale di appello della giustizia amministrativa. Esso si articola in sette sezioni (quattro con competenze consultive e tre con competenze giurisdizionali). Esistono altresì l'Adunanza generale del Consiglio di Stato, composta da tutti i membri del Consiglio, e dotata di funzioni consultive, e l'Adunanza plenaria, formata dal Presidente del Consiglio di Stato e da dodici magistrati, con funzioni giurisdizionali. Per quanto riguarda la funzione consultiva, assieme ai pareri facoltativi che vengono resi su richiesta di un'amministrazione statale, il Consiglio di Stato deve rendere obbligatoriamente dei pareri su determinati atti, quali:

  1. regolamenti del Governo e dei Ministri di cui all'articolo 17 della legge n. 400/1988;
  2. ricorsi straordinari al Presidente della Repubblica;
  3. schemi generali di contratti-tipo, accordi e convenzioni predisposti da uno o più Ministeri.

- la **Corte dei Conti** è un organo previsto e disciplinato dall'articolo 100 della Costituzione. Essa:

  1. esercita il controllo preventivo di legittimità su alcuni atti delle amministrazioni statali nonché il controllo, introdotto dalla legge, sulla gestione delle amministrazioni statali, regionali e degli enti locali;
  2. esercita il controllo successivo sulla gestione del bilancio dello Stato, che termina nel giudizio di parificazione del rendiconto consuntivo dello Stato e delle gestioni

annesse, con cui la Corte controlla la rispondenza o meno delle previsioni finanziarie contenute nel bilancio preventivo dello Stato con i risultati effettivi della gestione finanziaria (la relazione sui controlli effettuati viene poi trasmessa al Parlamento);

3. partecipa, nei casi e nelle forme stabilite dalla legge, al controllo sulla gestione finanziaria degli enti cui lo Stato contribuisce in via ordinaria, ed effettua il controllo anche nei confronti degli enti pubblici trasformati in società per azioni, fino a quando lo Stato conserva la partecipazione prevalente al capitale sociale;

4. esercita la funzione giurisdizionale in materia di responsabilità dei pubblici funzionari per il danno recato alle amministrazioni pubbliche statali, regionali e locali (mediante giudizi resi sulla base dei conti presentati da coloro che hanno una funzione di maneggio di denaro, beni e valori di amministrazioni pubbliche), nonché in materia di pensioni (civili e militari). La funzione di controllo è esercitata da apposite sezioni della Corte: quella giurisdizionale è svolta dalle sezioni regionali.

6.3. IL PARLAMENTO

Sul piano internazionale va fatta innanzitutto una distinzione tra i regimi improntati al **monocameralismo**, in cui è presente per l'appunto una sola assemblea legislativa, quelli cosiddetti a **bicameralismo perfetto** o **paritario**, proprio degli Stati, tra cui l'Italia, nei quali le camere sono assolutamente parificate per funzioni e prerogative, e quelli cosiddetti a **bicameralismo imperfetto** (presenti nella gran parte delle democrazie liberali), nei quali la volontà di uno dei due rami del parlamento finisce col prevalere in caso di dissenso. Il Parlamento della Repubblica Italiana ha struttura bicamerale, essendo costituito, sulla base dell'articolo 55 della Costituzione, da due rami, la **Camera dei Deputati** e il **Senato della Repubblica**: organi distinti, dotati delle medesime attribuzioni e di regola funzionanti in via contemporanea e separata.

Di conseguenza, ciascuna Camera può deliberare la concessione o il ritiro della fiducia al Governo, ai sensi dell'articolo 94 della Costituzione, mentre la formazione di una legge richiede che ciascuna delle due Camere adotti una deliberazione avente ad oggetto il medesimo testo legislativo ("la funzione legislativa è esercitata collettivamente dalle due Camere", afferma l'articolo 70).

Il limite del bicameralismo paritario in Italia è senz'altro l'appesantimento del processo decisionale parlamentare, poiché ogni camera deve approvare i medesimi testi di legge, e ciò dà vita alla cosiddetta "navetta", ossia la situazione per cui, essendo il testo da approvare oggetto di numerose modifiche, esso debba tornare più volte all'attenzione delle due camere, che in precedenza l'avevano invece approvato in una forma diversa. Entrambi i rami del parlamento sono stati concepiti come assemblee politiche rappresentative del corpo elettorale, ma i costituenti ne hanno diversificato la composizione, la durata e il sistema di elezione.

Circa la composizione basti ricordare da un lato che l'età minima per essere eleggibili alla carica di deputato o senatore consiste rispettivamente nell'aver compiuto il venticinquesimo anno di età (articolo 56, comma 3, della Costituzione) ed il quarantesimo anno di età (articolo 58, comma 2, della Costituzione); dall'altro lato, che il numero dei deputati è pari al doppio di quello dei senatori elettivi (400 contro 200, come stabilito dalla recentissima legge costituzionale n. 1/2020, a fronte dei 630 contro 315 previsti in precedenza), anche se a questi ultimi possono aggiungersi alcuni senatori a vita.

Circa la durata del Senato, oltre alle norme costituzionali, si tenga presente che fino alla legge costituzionale n. 2/1963 questo ramo del Parlamento durava in carica 6 anni contro i 5 della Camera dei Deputati. Con tale modifica dell'articolo 60 della Costituzione la durata in carica è stata stabilita per entrambi i rami in 5 anni. Di fatto in precedenza si era sempre proceduto allo scioglimento anticipato del Senato. Il periodo in cui le due Camere durano in carica si chiama **legislatura**.

L'art. 60 della Costituzione, al secondo comma, e precisamente in riferimento alla *prorogatio*, dispone che "la durata di ciascuna camera non può essere prorogata se non per legge e soltanto in caso di guerra". Inoltre, al fine di garantire la continuità funzionale del Parlamento, sempre facendo riferimento all'istituto della *prorogatio*, la Costituzione stabilisce che i poteri delle Camere scadute sono prorogati "finché non siano riunite le nuove Camere" (articolo 61, comma 2). La *prorogatio* cessa con la "prima riunione delle nuove Camere" (articolo 61, comma 1).

Circa le modalità delle elezioni, la Costituzione prescrive che il Senato debba essere eletto a "base regionale", e fino a poco tempo fa stabiliva una composizione diversa per l'elettorato attivo alla Camera e al Senato: gli elettori del Senato dovevano infatti aver superato il venticinquesimo anno di età, mentre bastava il compimento dei 18 anni per votare la composizione della Camera dei Deputati. Questa distinzione è stata superata con l'approvazione della legge costituzionale n. 1/2021, in forza della quale anche l'età per votare la composizione del Senato della Repubblica è stata portata a 18 anni.

La **legge elettorale** per le due Camere (legge n. 165/2017, detta anche legge Rosato o *Rosatellum*), pur presentando qualche differenza nella suddivisione territoriale delle circoscrizioni, è abbastanza uniforme per quanto riguarda il sistema di riparto dei seggi alla Camera e al Senato. Si tratta di un sistema misto, per cui i

2/3 circa dei seggi di entrambi i rami del Parlamento sono assegnati secondo un criterio proporzionale su base nazionale, mentre il terzo restante è assegnato attraverso un meccanismo maggioritario fondato su singoli collegi uninominali.

Il Senato risiede a Palazzo Madama, mentre la Camera dei Deputati risiede a Palazzo Montecitorio, entrambi a Roma.

La Costituzione ha previsto anche il **Parlamento in seduta comune**, che è un organo collegiale composto da tutti i parlamentari (deputati e senatori). È considerato però un collegio imperfetto, perché non è padrone del proprio ordine del giorno: si riunisce solo per specifiche funzioni, tassativamente elencate dalla Costituzione, che consistono in compiti elettorali (elezione del Presidente della Repubblica, dei cinque giudici costituzionali spettanti al Parlamento, e di un terzo dei componenti del Consiglio Superiore della Magistratura) e nella funzione accusatoria (messa in stato d'accusa del Presidente della Repubblica). Il Parlamento in seduta comune è presieduto dal Presidente della Camera dei Deputati e, per il suo funzionamento, si applicano le disposizioni del Regolamento della Camera dei deputati.

L'organizzazione interna e lo svolgimento delle funzioni del Parlamento sono disciplinati fondamentalmente nel testo costituzionale e nei Regolamenti Parlamentari. Ciascuna camera adotta il proprio Regolamento a maggioranza assoluta, per far sì che esso incontri il maggior consenso possibile, ai sensi dell'articolo 64 della Costituzione. Esistono anche i regolamenti minori, cioè quei regolamenti che singoli organi parlamentari si danno per disciplinare la propria organizzazione interna. I Regolamenti Parlamentari sono tradizionalmente considerati insindacabili dall'esterno della camera che li ha adottati (principio della insindacabilità degli *interna corporis*), a meno che la Corte Costituzionale, in via indiretta, nel valutare un atto che costituisca applicazione di tali norme, non constati una violazione della Carta costituzionale. Il Regolamento Parlamentare va considerato atto normativo a carattere legislativo in rapporto di separazione rispetto agli atti di legislazione ordinaria.

Camera dei deputati e Senato della Repubblica, allo scopo di realizzare nel modo più funzionale le loro attribuzioni, si articolano in una serie di organi permanenti, sostanzialmente identici in entrambi i rami del Parlamento: l'Assemblea, il Presidente, l'Ufficio di Presidenza (al Senato chiamato Consiglio di Presidenza), i gruppi parlamentari, la conferenza dei presidenti dei gruppi parlamentari (o dei capigruppo), le Commissioni.

- l'**Assemblea** ha la titolarità delle attribuzioni di ciascun ramo del parlamento. Tuttavia, data la complessità delle attribuzioni, ne decentra alcune presso altri organi nell'ambito della propria organizzazione interna, in special modo presso le Commissioni.

- il **Presidente** è l'organo che rappresenta la camera di appartenenza nella sua unità, garantendo l'imparzialità e facendo osservare il Regolamento. In particolare, egli dirige e modera la discussione, mantiene l'ordine, pone le questioni, stabilisce l'ordine delle votazioni, chiarisce il significato del voto e ne annunzia il risultato, sovrintende il funzionamento dell'ufficio di presidenza e assicura il buon andamento dell'amministrazione interna. Nota differenziale rispetto il Presidente del Senato e quello della Camera è che, mentre il primo esercita a titolo di supplente le funzioni di Presidente della Repubblica quando questi non è in grado di adempierle (ai sensi dell'articolo 86 della Costituzione), il secondo presiede le sedute comuni dei due rami del Parlamento (ai sensi dell'articolo 63 della Costituzione).

- l'**Ufficio di Presidenza** è costituito in entrambe le camere dal Presidente, quattro Vicepresidenti, tre questori e otto segretari. In esso devono essere rappresentati tutti i gruppi parlamentari. A seguito del fenomeno delle "migrazioni" dei parlamentari da un gruppo all'altro, il Regolamento del Senato ha stabilito che "i segretari che entrino a far parte di un gruppo parlamentare diverso da quello al quale appartenevano al momento dell'elezione, decadono dall'incarico". Il compito dell'Ufficio di Presidenza è quello di coadiuvare il Presidente nell'esercizio delle sue funzioni. In particolare, i Vicepresidenti collaborano con il Presidente e possono essere convocati ogni volta che questi lo ritenga opportuno, sostituendolo in caso di assenza; i questori curano collegialmente il buon andamento della amministrazione predisponendo il progetto di bilancio e il conto consuntivo; i segretari sovrintendono alla redazione del processo verbale, che deve contenere soltanto le deliberazioni e gli atti della camera, ne danno lettura e procedono alle operazioni connesse.

- i **gruppi parlamentari** sono le unioni dei membri di una Camera, espressione dello stesso partito o movimento politico, che si costituiscono con organizzazione stabile e disciplina di gruppo. La Costituzione, agli articoli 72 e 82, chiarisce che le Commissioni (sia permanenti che d'inchiesta) devono essere formate in modo da rispecchiare la consistenza dei gruppi parlamentari. Le disposizioni regolamentari stabiliscono inoltre che, entro pochi giorni dalla prima riunione, i parlamentari devono "dichiarare" a quale gruppo appartengono. Coloro che non dichiarano di aderire a nessun gruppo (perché espressione di un partito talmente piccolo da non raggiungere il numero minimo di parlamentari necessario a formare un gruppo, oppure perché in conflitto con il partito di appartenenza, o per altri motivi) confluiscono in un gruppo unico denominato gruppo misto. I gruppi parlamentari hanno un ruolo fondamentale nel funzionamento di ciascuna camera perché fanno valere la disciplina del partito in sede parlamentare, vincolando i parlamentari di ciascun partito a rispettarne le direttive politiche. Tenendo fermo il divieto di mandato imperativo, l'eventuale sanzione disciplinare consiste nella espulsione dal gruppo o dal partito che pregiudica la futura candidatura alle successive elezioni. Il gruppo ha così duplice natura (eccezion fatta per il gruppo misto): organo di una camera e organo di un partito (di regola disciplinato come tale anche nello statuto del partito), avendo così il ruolo di istituzione di raccordo fra parlamento e partiti. I presidenti dei gruppi parlamentari designano i componenti di altri organi parlamentari (ad esempio le Commissioni permanenti) e, mediante la Conferenza dei presidenti dei gruppi parlamentari, realizzano la programmazione dei lavori delle due camere. Inoltre, alla Camera dei Deputati i presidenti dei gruppi possono azionare poteri procedurali, come ad esempio la presentazione di emendamenti e mozioni che altrimenti necessiterebbero della richiesta da parte di un certo numero di parlamentari. Al gruppo è attribuito il potere di designare i membri che faranno parte delle commissioni parlamentari. I gruppi parlamentari possono anche essere sentiti dal Capo dello Stato per la soluzione di una crisi di Governo.

- le **Commissioni parlamentari** sono organi collegiali che possono essere permanenti o temporanei, monocamerali o bicamerali. Le Commissioni temporanee assolvono compiti specifici e durano in carica il tempo stabilito per l'adempimento della loro particolare funzione (hanno specifiche finalità, ad esempio lo svolgimento di indagini e accertamenti su situazioni di fatto e comportamenti di persone ed enti nel caso delle Commissioni d'inchiesta, e possono essere miste, ossia composte sia da senatori che da deputati. Le commissioni parlamentari permanenti sono invece organi collegiali che attuano il decentramento del lavoro parlamentare mediante specifiche competenze per materia. Sono in tutto tredici, sia alla Camera dei Deputati che al Senato della Repubblica, e ognuna ha competenza in determinati settori (ad esempio esteri, difesa, ambiente e così via). Inoltre, esse si riuniscono per ascoltare e discutere comunicazioni del Governo e per esercitare le funzioni di indirizzo, di controllo e di informazione secondo quanto stabilito dal Regolamento di ciascuna camera. Infine, esse si riuniscono in sede consultiva per esprimere pareri nel procedimento di formazione del decreto legislativo. In riferimento alla sede consultiva ricordiamo che, su disposizione del Presidente dell'Assemblea, alcuni pareri in merito a questioni particolarmente delicate (ad esempio, di carattere costituzionale o finanziario) possono essere resi obbligatori e in certi casi anche vincolanti, e che le Commissioni che tali pareri esprimono vengono pertanto definite Commissioni filtro. Le commissioni bicamerali sono formate in parti eguali da rappresentanti delle due Camere. La Costituzione prevede espressamente, all'articolo 126, una sola commissione bicamerale: quella per le questioni regionali. Con legge sono state istituite commissioni bicamerali con poteri di controllo, di indirizzo e di vigilanza. Ricordiamo ad esempio il Comitato per i servizi di sicurezza, che ha funzione di controllo politico-istituzionale, oppure la Commissione parlamentare per l'indirizzo generale e la vigilanza dei servizi radiotelevisivi, che ha lo scopo di garantire che l'informazione del servizio pubblico si svolga in modo tale da garantire il corretto funzionamento del sistema democratico.

- le **Giunte Parlamentari** sono organi permanenti interni delle Camere, e hanno una composizione che rispecchia il peso dei gruppi parlamentari. Sono tre per la Camera (la Giunta per il Regolamento, la Giunta delle elezioni e la Giunta per le autorizzazioni a procedere) e tre per il Senato (la Giunta per il Regolamento, la giunta delle elezioni e la Giunta delle immunità parlamentari e per gli affari delle Comunità Europee).

6.3.1 Il funzionamento del Parlamento

La durata in carica del Parlamento si chiama **legislatura**, e di norma dura 5 anni. L'articolo 60 della Costituzione, al comma 2, in merito alla *prorogatio* (o principio di continuità), dispone che "la durata di ciascuna camera non può essere prorogata se non per legge, e soltanto in caso di guerra". Inoltre, al fine di garantire la continuità funzionale del Parlamento, sempre facendo riferimento all'istituto della *prorogatio*, la Costituzione stabilisce che i poteri delle Camere scadute sono prorogati "finché non siano riunite le nuove Camere" (articolo 61, comma 2 della Costituzione). La *prorogatio* cessa con la "prima riunione delle nuove Camere", ai sensi del primo comma dell'articolo 61.

- per la validità della seduta la Costituzione richiede la maggioranza dei componenti. Ciò significa che il numero legale (quorum strutturale) della seduta si raggiunge con la presenza della metà più uno dei deputati o dei senatori.
- per la validità delle deliberazioni è richiesta, salvo che la Costituzione non preveda maggioranze diverse, la maggioranza dei presenti (quorum funzionale).
- sono detti astenuti coloro che, al momento della votazione, non si esprimono né in modo favorevole, né in modo

contrario. L'astensione comporta conseguenze diverse a seconda del ramo del Parlamento:

1. per la Camera, i deputati che si astengono sono computati ai fini del numero legale, ma si considerano non presenti nel computo della maggioranza richiesta per le deliberazioni;

2. per il Senato, chi è intenzionato ad astenersi si allontana fisicamente dall'aula, così da raggiungere un risultato analogo a quello della Camera dei deputati.

Per quanto riguarda la **modalità di voto**, la regola generale è quella della procedura classica con voto palese, mentre l'eccezione è costituita dal voto segreto, a cui si fa ricorso per deliberazioni riguardanti persone, principi e libertà costituzionali, diritti di famiglia e della persona umana di cui all'articolo 32, comma 2, della Costituzione. Il voto può essere espresso per alzata di mano, per appello nominale, mediante procedimento elettronico, per schede. Per regola generale tutte le sedute delle Camere sono pubbliche. Il funzionamento del Parlamento deve essere informato al principio della pubblicità dei lavori parlamentari attraverso tutti i mezzi mediatici. Oggi l'accesso agli atti e alle sedute è reso ancora più semplice, se si considera che entrambi i rami del Parlamento dispongono di un relativo sito internet che funge anche da banca dati.

Per assicurare tempi certi all'esame dei progetti inseriti nel programma e nel calendario è stabilito un tempo determinato per l'analisi dei disegni di legge. Quando l'iniziativa governativa è privilegiata, anche sul piano procedurale, si parla di "corsie preferenziali" (tipiche ad esempio della manovra di bilancio, dei disegni di legge finanziaria e dei progetti collegati). Così i Regolamenti di entrambe le camere prevedono, oggi, una "apposita sessione parlamentare di bilancio", riservata all'esame del disegno di legge di approvazione dei bilanci e del correlativo disegno di legge finanziaria.

Con l'espressione **prerogative parlamentari** si fa riferimento agli istituti, che mirano a salvaguardare il libero e ordinato esercizio delle funzioni parlamentari. Pertanto, le prerogative non vanno considerate quali privilegi dei singoli, bensì garanzie poste a salvaguardia dell'indipendenza del Parlamento. In particolare, esse dovrebbero servire a tutelare la libertà di opinione dei parlamentari, che sta alla base di un corretto svolgimento della vita parlamentare. L'articolo 68 della Costituzione prevede due istituti:

- l'insindacabilità in qualsiasi sede (penale, civile, disciplinare, e così via) per le opinioni espresse ed i voti dati nell'esercizio delle funzioni parlamentari;

- l'immunità parlamentare (in virtù della quale il parlamentare non può essere sottoposto a misure restrittive della libertà personale o domiciliare, né a limitazioni della libertà di corrispondenza e comunicazione senza la previa autorizzazione della Camera di appartenenza). L'insindacabilità prosegue anche dopo il mandato parlamentare, mentre l'immunità viene meno alla scadenza del mandato, quando cioè non si è più parlamentari.

La prerogativa dell'insindacabilità copre il parlamentare tutte le volte che le opinioni espresse e i voti dati siano ricollegabili all'esercizio della sua funzione di deputato o di senatore. Non è più richiesta l'autorizzazione per sottoporre a procedimento penale il parlamentare, come era previsto dal testo originario dell'articolo 68, comma 2, della Costituzione. Secondo il nuovo testo, approvato con legge costituzionale n. 3/1993, è richiesta l'autorizzazione della Camera di appartenenza per sottoporre il parlamentare a misure restrittive della libertà personale o domiciliare e a limitazioni della libertà di corrispondenza e comunicazione, salvo che quest'ultimo non sia colto in flagranza di reato e sia stato condannato con sentenza irrevocabile.

Le prerogative dei parlamentari si fondano sull'esigenza di garantire l'autonomia e l'indipendenza costituzionale delle Camere, evitando i condizionamenti da parte di altri poteri. Ogni Camera è quindi dotata di **autodichia**, ossia di autonomia normativa per quanto riguarda la disciplina delle proprie attività e della propria organizzazione, di autonomia contabile per la gestione del proprio bilancio, e della giurisdizione esclusiva per ciò che riguarda i ricorsi relativi ai rapporti di lavoro con i dipendenti. La medesima esigenza sta anche alla base del principio d'insindacabilità degli *interna corporis acta*, che consiste nella sottrazione a qualsiasi controllo esterno degli atti e dei procedimenti che si svolgono all'interno delle assemblee parlamentari.

6.3.2 Le funzioni del Parlamento

L'articolo 70 della Costituzione attribuisce collettivamente l'esercizio della funzione legislativa alle due Camere, ma, in deroga a ciò, prevede agli articoli 76 e 77 che il Governo possa porre in essere decreti aventi forza di legge ordinaria, subendo un controllo parlamentare *ex ante* o *ex post*. Le leggi ordinarie emanate dal Parlamento, nella gerarchia delle fonti, sono subordinate solo alle leggi costituzionali (e quindi, come tali, sono inidonee a riformare la Costituzione, anche se è lo stesso Parlamento a poter operare in questo settore, attraverso un procedimento distinto da quello di emanazione delle leggi ordinarie e descritto dall'articolo 138 della Costituzione stessa). Ne consegue che possono essere previste deroghe alla competenza legislativa del Parlamento solo da leggi costituzionali. Importante è anche l'uso che il Governo può fare della questione di fiducia al Parlamento: in genere si tratta di una minaccia di dimissioni rivolta alle Camere per fare approvare un un disegno di legge. Come strumento di pressione sono stati sollevati dubbi sulla sua legittimità, ma dalla Costituzione non emerge alcun elemento per la sua inammissibilità.

La **funzione di controllo** si estrinseca in atti quali:

- il controllo della legalità del comportamento del Governo e della Pubblica Amministrazione;

- una verifica della corrispondenza dell'azione governativa all'indirizzo politico voluto dalla maggioranza parlamentare;

- l'espressione di una direttiva politica per l'azione governativa;

- l'espressione, in forma di legge, di una autorizzazione o una approvazione per specifici atti di governo. Essa si concretizza in singoli istituti di diritto parlamentare il cui comune denominatore è quello di essere diretti a far valere la responsabilità politica del Governo nei confronti del Parlamento. Gli istituti sono principalmente due, e precisamente le interrogazioni e le interpellanze parlamentari.

1. le **interrogazioni** sono semplici domande rivolte al Governo per avere informazioni su un oggetto determinato o per sapere se e quali provvedimenti siano stati adottati o si intendano adottare a riguardo. Si può decidere di non rispondere, fornendo una opportuna motivazione, o di rispondere in una data prefissata. L'interrogante può richiedere risposta scritta od orale e in quest'ultimo caso può replicare per dichiararsi o meno soddisfatto. Le interrogazioni possono essere poste in aula o in Commissione. Sono state introdotte anche le interrogazioni "a risposta immediata", che presentano indubbiamente dei vantaggi dal punto di vista della rapidità con cui si svolge il dibattito. Lo spazio per le

risposte (cosiddetto question time) è fissato di solito per il mercoledì, ed è trasmesso in diretta tv.

2. le **interpellanze** sono invece domande rivolte per iscritto al Governo circa i motivi o gli intendimenti della sua condotta in questioni di particolare rilievo e importanza generale. Il Governo ha ovviamente facoltà di replica e, qualora il parlamentare non sia soddisfatto della risposta, è previsto che egli possa presentare una mozione per promuovere un dibattito. Esistono anche delle interpellanze urgenti (cioè con procedimento abbreviato in Senato). Le interpellanze sono presentate dal presidente del gruppo parlamentare a nome del rispettivo gruppo, o da un certo numero di deputati.

La **funzione d'indirizzo** si esercita attraverso degli atti, interni al Parlamento, che mirano appunto ad indirizzare l'attività del Governo. Si tratta delle mozioni, delle risoluzioni e delle inchieste parlamentari.

- la **mozione** può essere presentata da un presidente di un gruppo parlamentare, da 10 parlamentari (alla Camera dei deputati) o da 8 parlamentari (al Senato). Il fine è quello di promuovere un dibattito nella camera di appartenenza su un determinato argomento, e di ottenere una conseguente deliberazione a riguardo, su questioni che incidono sull'attività del Governo. Discorso in parte diverso va fatto per la mozione di fiducia o di sfiducia, regolate dall' articolo 94 della Costituzione. Il governo deve avere la fiducia di entrambe le camere e ciascuna camera può accordare o revocare la fiducia con mozione motivata e votata per appello nominale. La mozione di sfiducia deve essere firmata da almeno un decimo dei componenti della camera e non può essere messa in discussione prima di tre giorni dalla presentazione. Nella pratica, quando nella storia repubblicana al Governo è mancata la maggioranza, si è quasi sempre preferito presentare immediatamente le dimissioni al Capo dello Stato evitando il procedimento parlamentare, ovviamente gravido di ulteriori conseguenze politiche.

- le **risoluzioni**, secondo i regolamenti delle Camere, sono atti contenenti direttive politiche per il Governo votate normalmente in sede di commissione, e si distinguono dalle mozioni per il fatto che non sono idonee a provocare un dibattito parlamentare, ma piuttosto lo seguono come conseguenza.

- le **inchieste parlamentari** consentono, ai sensi dell'articolo 82 della Costituzione, di procedere ad indagini ed esami, con gli stessi poteri e le stesse limitazioni dell'autorità giudiziaria, su materie di pubblico interesse. Vengono effettuate da commissioni d'inchiesta, nominate con composizione proporzionale all'entità dei gruppi parlamentari di una o entrambe le Camere. Si distingue fra le inchieste a fini politici (accertamento di responsabilità di titolari di uffici pubblici o politici) e a fini legislativi (acquisizione di conoscenze dirette a raccogliere dati per un migliore svolgimento della funzione legislativa). Possono essere disposte sia con legge che con atto non legislativo (se l'inchiesta è disposta da un solo ramo del Parlamento occorre la delibera di quella Camera). Possono essere disposte separatamente da ciascuna Camera (commissione monocamerale), o, anche, congiuntamente (commissione bicamerale). Gli obiettivi delle inchieste e la varietà dei mezzi d'azione comportano che la commissione abbia il potere di opporre il segreto sulle risultanze acquisite nel corso delle indagini. Compare così nella giurisprudenza costituzionale il segreto funzionale, espressione dell'autonomia costituzionale delle Camere.

L'esame delle petizioni e le indagini conoscitive sono invece attività conoscitive. L'**esame delle petizioni** è appunto l'esame delle richieste individuali o collettive dei cittadini alle singole camere (ai sensi dell'articolo 50 della Costituzione). Le **indagini conoscitive** sono svolte dalle commissioni parlamentari e sono dirette all'acquisizione di notizie, informazioni e documenti utili alle attività delle Camere. Le indagini conoscitive svolte in occasione dell'esame di un progetto di legge da parte di una commissione prendono il nome di udienze legislative. Si tenga presente che i dati acquisiti dalla commissione non possono essere utilizzati come prova nel processo penale.

6.3.3 Parlamento e Comunità Europea

L'appartenenza dell'Italia all'Unione Europea pone al Parlamento due fondamentali esigenze: quella di recepire le direttive comunitarie in tempi ragionevoli, e quella di avere cognizione degli indirizzi comunitari sui grandi temi (risultanti generalmente dai libri bianchi e verdi della Comunità Europea) e dei progetti di atto normativo. La legge n. 86/1989 (cosiddetta legge La Pergola, dal nome dell'allora Ministro per il coordinamento delle politiche comunitarie) ha introdotto uno strumento annuale, la **legge comunitaria**, per recepire le direttive che non presentano particolari problemi di attuazione; per le direttive più delicate il recepimento e l'adattamento interno avviene attraverso un disegno di legge ad hoc. La legge La Pergola è stata in seguito sostituita dalla legge n. 11/2005, che con riguardo alla dialettica tra ordinamento statale e disposizioni sovranazionali ha disciplinato sia la fase ascendente (quella che precede l'adozione formale degli atti dai competenti organi europei, favorendo il coinvolgimento degli organi istituzionali nazionali e locali), sia la fase discendente (ossia l'adeguamento dell'ordinamento italiano agli obblighi comunitari, ed in particolare l'attuazione delle direttive comunitarie). Questa norma ha sostituito la legge comunitaria con due atti completamente nuovi: la **legge di delegazione europea**, che è finalizzata al recepimento delle direttive e degli altri atti normativi provenienti dall'Unione Europea, e la **legge europea**, che serve invece a dare attuazione pratica agli obblighi derivanti dalla partecipazione della Repubblica all'Unione Europea.

6.3.4 Il processo di bilancio tra Governo e Parlamento

L'esercizio dei compiti dello Stato richiede l'uso di risorse finanziarie assai ingenti, così come l'erogazione di servizi vari e diretti a promuovere l'eguaglianza dei cittadini. Altrettanto elevati sono i costi che lo Stato deve sopportare per pagare gli stipendi della burocrazia e per procurarsi e gestire i mezzi con cui erogare i suddetti servizi. La disciplina delle entrate e quella della spesa costituiscono i due aspetti della finanza pubblica. Per quanto concerne le entrate sono stabiliti due principi fondamentali. Il primo è quello secondo cui "tutti sono tenuti a concorrere alle spese pubbliche in ragione della loro capacità contributiva" e "il sistema tributario è informato a criteri di progressività", come prescrive l'articolo 53 della Costituzione. Ciò significa che tutti devono pagare le imposte il cui ammontare è determinato in funzione del reddito di ciascuno. L'imposizione fiscale però non è proporzionale, bensì progressiva: questo significa che la percentuale di reddito prelevata dal fisco cresce con il livello del reddito. L'altro principio fondamentale è quello della riserva di legge, secondo cui "nessuna prestazione personale o patrimoniale può essere imposta se non in base alla legge". L'imposizione tributaria, quindi, è oggetto di una riserva di legge relativa.

In materia di spesa la Costituzione pone alcuni fondamentali principi.

- in primo luogo, stabilisce che ogni anno il Governo deve redigere un **bilancio preventivo**, che il Parlamento deve approvare con legge (ai sensi del comma 1 dell'articolo 81 della Costituzione). Il bilancio preventivo è un documento contabile nel quale vengono rappresentate le entrate e le uscite che, nel corso dell'anno finanziario successivo, lo Stato prevede rispettivamente di incassare e di spendere. Secondo il successivo comma 3, infatti, la legge del Parlamento con cui è approvato il bilancio non può stabilire nuovi tributi o nuove spese. Nel caso in cui le Camere non riescano ad approvare il bilancio preventivo entro il 31 dicembre il Parlamento, mediante una legge apposita, può autorizzare il Governo a ricorrere al cosiddetto esercizio provvisorio di bilancio. In questo caso il Governo è tenuto ad operare secondo le previsioni del bilancio non ancora approvato. Stando alla lettera della Costituzione, però, l'esercizio provvisorio non può estendersi per un periodo superiore ai 4 mesi.

- in secondo luogo, la Costituzione disciplina la legislazione che prevede nuove spese: ogni legge che importi nuove e maggiori spese "deve indicare i mezzi per farvi fronte" (ai sensi del comma 4 dell'articolo 81 della Costituzione). Questa disposizione costituzionale introduce il cosiddetto **obbligo di copertura** delle leggi di spesa. Lo Stato infatti deve reperire i mezzi finanziari con cui farvi fronte, ad esempio attraverso un aumento della pressione fiscale, oppure ricorrendo all'indebitamento del Tesoro dello Stato, soluzione quest'ultima storicamente prediletta dal nostro legislatore. In sostanza il Tesoro prende in prestito del denaro, ed è tenuto a restituirlo pagando in più gli interessi, che ne rappresentano il prezzo. Il metodo dell'indebitamento, tuttavia, non può più essere adottato troppo disinvoltamente in seguito all'adesione dell'Italia al trattato di Maastricht: in forza di questo accordo internazionale sottoscritto nel febbraio del 1992, infatti, il rapporto tra deficit pubblico e prodotto interno lordo non può più superare il 3%, e quello tra debito pubblico e prodotto interno lordo deve rimanere entro il 60%. Va comunque segnalato che queste prescrizioni sono oggi in via di superamento, soprattutto a seguito delle forti esigenze di liquidità cui hanno dovuto far fronte gli Stati membri in seguito alla crisi del Covid-19 nel 2020.

La legge n. 468/1978 (nota come "riforma della contabilità") ha introdotto la **legge finanziaria**. L'obbiettivo perseguito dalla legge del 1978 è ambizioso: è disegnata una legge finanziaria potenzialmente onnicomprensiva. La legge n. 362/1988 e la legge n. 208/1999 danno una nuova articolazione al ciclo di bilancio:

- prima che il Governo presenti il disegno di legge di bilancio di previsione e il disegno di legge finanziaria, viene trasmesso alle Camere, entro il 30 giugno, il Documento di Programmazione Economica e Finanziaria (DPEF), in cui vengono espressi gli obiettivi che il Governo si propone di realizzare attraverso la politica di bilancio pluriennale;

- successivamente, in autunno, inizia la sessione di bilancio con la discussione della legge finanziaria e dei disegni di legge collegati;

- infine, considerato che la legge finanziaria rappresenta un convoglio privilegiato, si è precisato il suo contenuto tipico per ostacolare l'inserimento di contenuti estranei (in sostanza, essa può modificare l'ammontare dei "quantum" contenuti nel DPEF, ma non la "qualità"). Inoltre, essa determina il livello massimo del ricorso al mercato finanziario, le quote d'ammortamento per spese pluriennali, le misure per il contenimento della spesa pubblica, e così via.

A completare la manovra c'è un **bilancio pluriennale**, approvato con apposito articolo della legge di bilancio, che espone separatamente l'andamento delle entrate e delle spese in base alla legislazione vigente e la previsione sull'andamento delle entrate e delle uscite tenendo conto degli interventi programmati nel DPEF. Ricordiamo ancora una volta che l'articolo 81 della Costituzione stabilisce che ogni legge che importi nuove o maggiori spese deve individuare i mezzi finanziari per farvi fronte (obbligo di copertura finanziaria delle leggi di spesa).

6.4. IL PRESIDENTE DELLA REPUBBLICA

Il Presidente della Repubblica, con la Corte costituzionale ed il Consiglio Superiore della Magistratura, è uno degli organi costituzionali di garanzia contemplati dalla Costituzione italiana. A seguito del referendum istituzionale del 2 giugno 1946, in cui il popolo italiano optò per la forma repubblicana e abbandonò il precedente assetto monarchico, l'Assemblea Costituente fu chiamata a scegliere la nuova forma di governo tra due opzioni: la repubblica presidenziale, sul modello degli Stati Uniti d'America, e la repubblica parlamentare, tipica delle democrazie europee. La scelta ricadde sulla seconda, principalmente per timore di involuzioni autoritarie di un ipotetico governo del presidente.

Questo però non implica che il ruolo del Presidente della Repubblica sia solamente formale.

6.4.1. L'elezione del Presidente della Repubblica

Il sistema di elezione del Presidente della Repubblica è disciplinato in modo da garantirne il più possibile l'imparzialità: ai sensi dell'articolo 83 della Costituzione il Presidente è eletto da un organo collegiale costituito dal Parlamento in seduta comune e da tre delegati per ogni regione designati dal consiglio regionale (con l'eccezione della Valle d'Aosta, che ha un solo delegato). I componenti di quest'organo collegiale sono detti "grandi elettori".

L'articolo 84 elenca poi i requisiti per essere eletti alla massima carica dello Stato (cittadinanza italiana, 50 anni di età, godimento dei diritti civili e politici), prescrivendo inoltre la sua incompatibilità con qualsiasi altra carica. Il successivo articolo 85 ne determina poi la durata, che è di sette anni, a decorrere dal giuramento. Una volta eletto e prima di essere immesso nell'esercizio delle sue funzioni, infatti, il Presidente della Repubblica presta giuramento di fedeltà in Parlamento (ma senza i delegati regionali). Egli riceve alcuni immobili per l'esercizio della propria attività e per gli uffici presidenziali, tra cui il Palazzo del Quirinale, precedentemente residenza ufficiale dei Re d'Italia. Alle dipendenze esclusive del Presidente è posta inoltre una struttura amministrativa, chiamata **Segretariato generale della Presidenza della Repubblica**. Non è specificato se il mandato settennale possa o meno essere rinnovato, e di conseguenza, in assenza di una disposizione costituzionale in merito, la tesi nettamente maggioritaria è quella che ritiene che sia tacitamente consentita la rielezione dello stesso Presidente, cosa che è effettivamente avvenuta per la prima volta nell'aprile del 2013 con la riconferma dell'allora Presidente Giorgio Napolitano.

L'elezione ha luogo con scrutinio segreto a maggioranza di due terzi nei primi tre scrutini, e a maggioranza assoluta (la metà più uno dei grandi elettori) negli scrutini successivi. La ricerca di una maggioranza così estesa è evidentemente giustificata dal fatto che il Presidente deve essere considerato una figura di garanzia non da una semplice parte politica, ma, per quanto possibile, dall'intero Parlamento, mentre la durata del mandato, più lunga di due anni rispetto a quella della legislatura, è motivata dalla necessità di svincolare politicamente il Presidente della Repubblica dal Parlamento che lo ha eletto, e che non sarà dunque lo stesso che provvederà eventualmente ad una sua rielezione.

Trenta giorni prima che scada il termine di durata, il Presidente della Camera dei deputati convoca in seduta comune il Parlamento e i delegati regionali per eleggere il nuovo Capo dello Stato. Se le Camere sono sciolte, o mancano meno di tre mesi alla loro cessazione, l'elezione ha luogo entro 15 giorni dalla riunione delle nuove, e nel frattempo sono prorogati i poteri del Presidente in carica.

La cessazione dalla carica presidenziale avviene per:

- conclusione del mandato;

- morte;

- impedimento permanente;

- dimissioni;

- decadenza per effetto della perdita di uno dei requisiti di eleggibilità;

- destituzione, disposta per effetto di una sentenza di condanna pronunciata dalla Corte costituzionale per i reati di alto tradimento e di attentato alla Costituzione.

Nei casi di dimissioni, scadenza naturale del mandato e impedimento permanente, il Presidente della Repubblica diviene di diritto senatore a vita, a meno che non vi rinunci, ai sensi del comma 1 dell'articolo 59 della Costituzione.

6.4.2. La controfirma ministeriale

La Costituzione, all'articolo 89, stabilisce che "nessun atto del Presidente della Repubblica è valido se non controfirmato dai Ministri proponenti che ne assumono la responsabilità" ed aggiunge che "gli atti che hanno valore legislativo e gli altri atti indicati dalla legge sono controfirmati anche dal Presidente del Consiglio dei Ministri".

La controfirma è la firma apposta da un membro del Governo sull'atto adottato e sottoscritto dal Presidente della Repubblica; essa è requisito di validità dell'atto, e la sua apposizione rende irresponsabile il Presidente per l'atto adottato, trasferendo la relativa responsabilità in capo al Governo. La controfirma garantisce, dunque, l'irresponsabilità del Capo dello Stato. Ma nel sistema costituzionale italiano, essa adempie a delle funzioni ulteriori. Infatti vi sono atti che formalmente sono adottati dal Capo di Stato, anche se il loro contenuto è deciso dal Governo, per cui la controfirma ha funzione di vigilanza sul rispetto da parte dell'esecutivo di fondamentali principi costituzionali (**atti formalmente presidenziali e sostanzialmente governativi**), e atti che non solo sono adottati dal Presidente, ma i cui contenuti sono decisi dallo stesso Capo dello Stato, per cui la controfirma del Ministro competente serve, oltre che a rendere irresponsabile il Presidente, anche ad evitare che quest'ultimo eserciti i suoi poteri per imporre un proprio indirizzo politico (**atti formalmente e sostanzialmente presidenziali**). A queste due categorie di atti presidenziali, di regola se ne aggiunge una terza costituita dagli **atti complessi**, il cui contenuto è deciso dall'accordo tra Presidente della Repubblica e Governo, e che comprende i cosiddetti "atti complessi eguali", ossia la nomina del Presidente del Consiglio dei Ministri e lo scioglimento delle Camere. Questi ultimi sono controfirmati dallo stesso Presidente del Consiglio in rappresentanza del Governo complessivamente inteso, motivo per cui sono definiti anche "atti duumvirali".

6.4.3 La irresponsabilità ed i reati del Presidente della Repubblica

Il principio cardine fissato dalla Costituzione, come anticipato in precedenza, è quello dell'irresponsabilità politica del Presidente della Repubblica. Egli però può rispondere alla critica politica comune nelle democrazie pluraliste.

Per quanto riguarda la responsabilità giuridica del Presidente della Repubblica bisogna distinguere:

- gli atti posti in essere nell'esercizio delle sue funzioni (la Costituzione all'articolo 90 prevede esclusivamente una responsabilità penale per i reati di **altro tradimento** e **attentato alla Costituzione**, mentre fuori da queste ipotesi il Presidente della Repubblica è giuridicamente irresponsabile e non può essere perseguito neanche alla fine del suo mandato);
- gli atti che adotta come qualsiasi cittadino (comportamenti non riconducibili all'esercizio delle sue funzioni, per cui è penalmente e civilmente responsabile).

Nel caso in cui il Capo dello Stato compia uno dei reati connessi alla sua funzione, l'ordinamento prevede una precisa e particolare procedura: il Presidente deve essere messo in stato d'accusa dal Parlamento in seduta comune, con la maggioranza assoluta dei suoi membri, sulla base di una relazione effettuata da un comitato formato dai componenti della giunta per le autorizzazioni a procedere del Senato e della Camera. Il comitato è presieduto in modo alternativo, per ogni legislatura, dai presidenti delle rispettive giunte. Successivamente, qualora il parlamento dovesse concedere l'autorizzazione a procedere, il Presidente della Repubblica sarà giudicato dalla Corte costituzionale. In particolare: qualora sia stata deliberata la messa in stato d'accusa, la Corte costituzionale può disporne la sospensione dalla carica.

6.4.4. *La soluzione delle crisi di Governo: la nomina del Presidente del Consiglio*

Per la soluzione delle crisi di Governo, il Capo dello Stato dispone di due poteri: il potere di nomina del Presidente del Consiglio (ai sensi dell'articolo 92 della Costituzione), ed il potere di sciogliere anticipatamente il Parlamento, senza aspettare la fine naturale della legislatura (come disposto dall'articolo 88 della Costituzione).

Nel parlamentarismo maggioritario, l'atto presidenziale di nomina del Presidente del Consiglio dei Ministri e l'atto di scioglimento del Parlamento costituiscono una ratifica di decisioni sostanziali prese da altri: nella prima ipotesi, è il corpo elettorale che, attraverso l'esercizio del voto, sceglie i partiti che compongono la maggioranza; nella seconda ipotesi, è il Governo che propone lo scioglimento. Viceversa, nei sistemi parlamentari in cui maggioranze e Governi si formano dopo le elezioni, attraverso accordi tra i partiti, i poteri presidenziali di nomina del Presidente del Consiglio e di scioglimento anticipato assumono una funzione politico-costituzionale diversa. In questi casi il problema è proprio quello di fare in modo che si formi una maggioranza.

In talune esperienze costituzionali il Capo dello Stato si è caratterizzato come autentica "struttura governante", mentre in altre l'influenza comporta l'assunzione di un compito di intermediazione politica. La funzione di intermediazione politica si basa su due pilastri.

- il primo è dato dal diritto costituzionale. La Costituzione attribuisce al Presidente della Repubblica la nomina del Presidente del Consiglio dei Ministri, ma al contempo precisa che il Governo entro dieci giorni dalla sua formazione deve presentarsi in Parlamento per ottenere la fiducia (questa disposizione esclude dunque la possibilità che il Capo dello Stato nomini governi contro la volontà del Parlamento, come poteva invece avvenire sotto la vigenza dello Statuto Albertino).

- il secondo è prodotto dal sistema politico. Il sistema politico pluripartitico con coalizioni post-elettorali, tipico della quasi totalità dell'esperienza italiana (con la significativa eccezione del periodo del bipolarismo, a cavallo tra gli anni '90 e gli anni 2000), faceva sì che il Governo potesse formarsi attraverso laboriose trattative tra i partiti fra cui si costruivano delicati equilibri. Il Presidente della Repubblica poteva utilizzare gli strumenti "serventi" rispetto al potere di nomina: le consultazioni, il conferimento dell'incarico, il mandato esplorativo.

6.4.5. La soluzione delle crisi di Governo: lo scioglimento anticipato del Parlamento

Le considerazioni precedenti sul diverso atteggiarsi del ruolo del Capo dello Stato a seconda degli equilibri della forma di governo permettono di inquadrare correttamente il potere di scioglimento anticipato del Parlamento.

La Costituzione, all'articolo 88, prescrive che:

- il Capo dello Stato possa sciogliere entrambe le Camere o anche una sola di esse;

- prima di sciogliere le Camere egli debba sentire i loro Presidenti, che esprimono perciò un parere al riguardo, ritenuto unanimemente obbligatorio ma non vincolante;
- il suddetto potere non possa essere esercitato negli ultimi sei mesi del mandato presidenziali, salvo che essi coincidano in tutto o in parte con gli ultimi sei mesi della legislatura (si parla in questo caso di **semestre bianco**).

Per quanto riguarda la sostanziale decisione di scioglimento vi sono tre letture diverse in dottrina:

- la previsione del "semestre bianco" autorizzerebbe a configurarlo come un potere presidenziale (se il divieto di scioglimento nell'ultimo periodo del mandato del Presidente è finalizzato ad evitare che quest'ultimo sciolga le Camere nella speranza che il nuovo Parlamento sia favorevole alla sua rielezione, la premessa è che di potere presidenziale si tratti);
- la previsione della controfirma escluderebbe che il Presidente possa decidere da solo, (si dà in tal modo una interpretazione che presuppone l'esistenza di una proposta del Governo, configurando il potere come sostanzialmente governativo);
- la contemporanea previsione del semestre bianco e della controfirma indurrebbe a pensare che si tratti di un atto complesso, alla cui formazione debbano partecipare dunque sia il Capo dello Stato che il Governo.

In Italia la forma di governo è quasi sempre stata diversa da quella del parlamentarismo maggioritario, e di conseguenza lo scioglimento è stato considerato per lo più un atto complesso o duumvirale. In presenza di coalizioni post-elettorali, con frequenti crisi di governo e formazioni di nuovi esecutivi e talora di nuove coalizioni, il Capo dello Stato svolge la già menzionata funzione di intermediazione politica, cercando di far coagulare una coalizione capace di esprimere il Governo. I presupposti dello scioglimento vanno così individuati nell'impossibilità del Parlamento di funzionare correttamente, in quanto incapace di formare una maggioranza di qualsiasi tipo. Lo scioglimento anticipato dovuto a tale causa è stato chiamato scioglimento funzionale. Poiché in ultima istanza la decisione è riconducibile alle forze politiche, si parla in dottrina di "autoscioglimento" del Parlamento.

Una volta deciso lo scioglimento anticipato del Parlamento, a seguito di una crisi di governo, dobbiamo chiederci: quale esecutivo dovrà restare in carica e gestire le elezioni? il Governo dimissionario oppure uno nuovo, appositamente nominato dal Capo dello Stato? La soluzione ritenuta preferibile è che, una volta appurata l'impossibilità di soluzione della crisi, il decreto di scioglimento sia controfirmato dal Governo dimissionario, che resta in carica per "l'ordinaria amministrazione".

Il procedimento prevede che il Presidente della Repubblica inizi i suoi interventi per la soluzione della crisi con le consultazioni, ossia dando udienza (si tratta di prassi consolidata) ai Presidenti in carica delle Camere del Parlamento, agli ex Presidenti dell'Assemblea Costituente e delle Camere, agli ex Presidenti della Repubblica, agli ex Presidenti del Consiglio, ai presidenti dei gruppi parlamentari e ai capi dei partiti politici. Tutto ciò al fine di accertare la possibilità di conferire con successo l'incarico di formare un nuovo esecutivo ad una persona che possa avere la fiducia delle Camere. Talvolta il Presidente della Repubblica ha anche affidato ad una determinata personalità (in genere il Presidente di uno dei due rami del Parlamento) una cosiddetta missione esplorativa o mandato esplorativo, affidandole il compito di procedere alle consultazioni per proprio conto, ma al fine di riferire allo stesso Presidente della Repubblica.

Il Capo dello Stato, terminate le consultazioni, se queste fanno intravederne la possibilità, conferisce l'incarico di formare il nuovo

Governo ad una personalità politica che lo accetta di regola con riserva. Il Presidente del Consiglio incaricato procede a sua volta a consultazioni e sondaggi e, se trova accordo fra le forze politiche di maggioranza sul programma e la composizione del Governo, scioglie la riserva e sottopone al Capo dello Stato la lista dei Ministri del nuovo gabinetto. Ai sensi dello articolo 92 della Costituzione, il Presidente della Repubblica nomina il Presidente del Consiglio dei Ministri e su proposta di questo i ministri, e tutti prestano giuramento, ai sensi dell'articolo 93 della Costituzione, nelle mani del Presidente della Repubblica. Il nuovo Governo si è così insediato al posto del vecchio ma, in virtù del rapporto fiduciario sancito dall'articolo 94 della Costituzione, dovrà entro dieci giorni dalla sua formazione presentarsi alle Camere per ottenere la fiducia sulla base del programma esposto dal Presidente del Consiglio. Nell'intervallo fra l'insediamento e la fiducia, al pari del governo dimissionario e in sua sostituzione, è competente per la ordinaria amministrazione e, solo in caso di necessità ed urgenza, per l'eccedente. È possibile che la personalità incaricata alla formazione del governo rinunci all'incarico. Il Presidente potrà conferirlo ad un'altra o, altrimenti, prendere atto della necessità di nuove elezioni, e sciogliere conseguentemente le Camere.

6.4.6. Atti formalmente e sostanzialmente presidenziali

Gli atti formalmente e sostanzialmente presidenziali sono i seguenti.

- gli **atti di nomina**, cioè gli atti con i quali il Presidente della Repubblica designa:
    1. fino a 5 senatori a vita, sulla base del comma 2 dell'articolo 59 della Costituzione (la nomina dei senatori a vita può riguardare quei cittadini che hanno

illustrato la Patria per altissimi meriti nel campo sociale, scientifico, artistico e letterario);

2. 1/3 dei giudici costituzionali, in base al comma 1 dell'articolo 135 della Costituzione, con decreto controfirmato dal Presidente del Consiglio dei Ministri.

- il **rinvio delle leggi**: il Presidente della Repubblica, con un messaggio motivato, che deve contenere l'indicazione dei motivi del rinvio medesimo, può rinviare una legge alle Camere per una nuova deliberazione.

- i **messaggi presidenziali**: il Presidente della Repubblica può inviare messaggi "liberi" alle Camere (cioè non vincolato rispetto al contenuto). L'invio del messaggio non necessariamente promuove un dibattito, ma è generalmente teso a stimolare o orientare l'attività parlamentare. I messaggi presidenziali, secondo la Costituzione, e rispettivamente ai sensi degli articoli 74 e 87, possono essere:

  1. messaggi a contenuto vincolato (quelli che accompagnano il rinvio delle leggi, vincolati perché devono contenere i motivi che giustificano tale rinvio);

  2. messaggi a contenuto libero.

- le **esternazioni atipiche**: sono tutte quelle manifestazioni del pensiero presidenziale i cui destinatari sono in genere la pubblica opinione o il popolo. Sono riconducibili alle esternazioni atipiche presidenziali i "messaggi alla Nazione", i discorsi pubblici, le lettere ufficiali, le interviste, le conferenze stampa e in generale le altre manifestazioni di pensiero presidenziale che, per loro natura, si sottraggono alla controfirma ministeriale. Non trovano nessun riscontro nella disciplina costituzionale.

- la **convocazione straordinaria delle Camere**, diretta a garantire il funzionamento delle istituzioni costituzionali contro eventuali prevaricazioni della maggioranza ai sensi dell'articolo 62 della Costituzione.

6.4.7. Atti formalmente presidenziali e sostanzialmente governativi

Gli atti formalmente presidenziali e sostanzialmente governativi sono i seguenti.

- **l'emanazione degli atti governativi aventi valore di legge**, e cioè dei Decreti legge, dei Decreti legislativi e dei regolamenti che assumono la forma del Decreto presidenziale. In questi casi il Governo determina il contenuto dell'atto, che poi il Presidente della Repubblica emana. Tuttavia, quest'ultimo può entrare nel procedimento, esercitando un controllo di legittimità e di merito costituzionale sull'atto.

- **l'adozione dei più importanti atti di governo**, con la forma del Decreto del Presidente della Repubblica (DPR), ed in particolare della nomina dei funzionari di Stato, nei casi previsti dalla legge e ai sensi dell'articolo 87 della Costituzione. Vale la pena sottolineare che conservano la forma di Decreto presidenziale pochi atti, come lo scioglimento anticipato dei Consigli comunali e provinciali, la decisione dei ricorsi straordinari al Presidente della Repubblica, e tutti gli atti dove è intervenuta la deliberazione del Consiglio dei Ministri; mentre per molti atti governativi, alcune leggi hanno previsto la forma del Decreto del Presidente del Consiglio dei Ministri (DPCM) o del Decreto ministeriale (DM).

- la **promulgazione della legge** è attribuita al Capo dello Stato, che deve provvedere entro un mese dall'avvenuta approvazione parlamentare. La promulgazione non è un atto dovuto, dato che il Presidente della Repubblica può non approvare il provvedimento in esame e rimandarlo alle Camere, ma se queste lo votano nuovamente allora deve necessariamente promulgarlo.

La formula di promulgazione prevede che il Presidente della Repubblica:

1. accerti che la legge è stata approvata nel medesimo testo da entrambi i rami del Parlamento;
2. manifesti la volontà di promulgare la legge;
3. ne ordini la pubblicazione sulla Gazzetta Ufficiale;
4. obblighi chiunque ad osservarla e a farla osservare come legge dello Stato.

-   alcuni **atti riguardanti la politica estera e di difesa**, quali la ratifica dei trattati internazionali, predisposti dal Governo ed eventualmente autorizzati dal Parlamento, l'accreditamento dei rappresentanti diplomatici esteri (sempre in base all'articolo 87 della Costituzione), e la dichiarazione dello stato di guerra previa deliberazione delle Camere. Il Capo dello Stato ha anche il comando delle forze armate e la Presidenza del Consiglio Supremo di Difesa, ma le decisioni sostanziali in materia di politica estera, dalla formazione dei trattati alla dichiarazione dello stato di guerra, rimangono sostanzialmente in capo al circuito Parlamento-Governo.

-   la **concessione della grazia** e la **commutazione delle pene** (ai sensi dell'articolo 87 della Costituzione), che si differenziano dall'amnistia e dall'indulto perché si riferiscono a singole persone e consistono in una commutazione della pena o nel condono totale. Per lungo tempo tale potere è stato attribuito all'esecutivo: l'interpretazione prevalente lo considerava infatti oggetto di un "atto complesso" alla cui formazione concorrevano il Governo e il Presidente della Repubblica. La sentenza della Corte Costituzionale n. 200/2006 definì infine la grazia come un atto formalmente e sostanzialmente presidenziale. La controfirma del Ministro della Giustizia "si limita ad attestare la completezza e la regolarità" dell'operazione, contrariamente a quanto avveniva in passato, quando per l'appunto il suo dicastero era denominato "Ministero di Grazia e Giustizia".

- la Costituzione, sempre all'articolo 87, affida inoltre al Capo dello Stato i poteri:

1. di "autorizzare" la presentazione alle Camere dei disegni di legge governativi;

2. di "indire" il referendum popolare e le elezioni delle nuove Camere, fissandone la prima riunione;

3. di "conferire" le onorificenze della Repubblica;

4. di "emanare" il decreto di scioglimento dei Consigli regionali e la rimozione del Presidente e della Giunta che abbiano compiuto atti contrari alla Costituzione o gravi violazioni di legge (come specificato dall'articolo 126 della Costituzione).

6.4.8. Atti compiuti in qualità di Presidente del Consiglio Supremo di difesa e di Presidente del Consiglio Superiore della Magistratura

L'articolo 87 della Costituzione dispone che il Presidente della Repubblica presieda il Consiglio Supremo di Difesa. Si tratta di un comitato interministeriale del Governo con funzioni puramente consultive, ma anche di un organo di collaborazione fra Governo e Presidente della Repubblica che ha poteri di convocazione, di formazione dell'ordine del giorno, di nomina e revoca del Segretario del Consiglio.

La legge istitutiva è la n. 624/1950. Essa dispone la competenza in materia di esame dei problemi generali, tecnici e politici, attinenti alla difesa nazionale, determinando criteri e direttive per l'organizzazione e il coordinamento delle attività. Tale organo è composto dai seguenti soggetti istituzionali:

- il Capo dello Stato come presidente;
- il Presidente del Consiglio dei Ministri;
- i Ministri per gli Affari Esteri, dell'Interno, del Tesoro, della Difesa, dell'Industria e del Commercio;
- il Capo di Stato Maggiore della Difesa.

Si riunisce almeno due volte l'anno, eventualmente con composizione allargata di esperti politici o militari.

Per quel che concerne la Presidenza del Consiglio Superiore della Magistratura, l'attività presidenziale si fonda con quella del collegio e di conseguenza si hanno atti del Presidente del Consiglio Superiore e non atti del Presidente della Repubblica (motivo per cui non occorre la controfirma). Tuttavia, per quanto riguarda i provvedimenti che attengono allo status giuridico dei magistrati ordinari, essi assumono la forma di Decreti del Presidente della Repubblica, controfirmati dal Ministro della Giustizia. In questo caso, infatti, la prassi riconosce al Capo dello Stato un generico potere di rinvio, ove ravvisi irregolarità formali nello svolgimento del procedimento per il conferimento degli incarichi direttivi.

6.4.9 La supplenza del Presidente della Repubblica

Il Presidente non può delegare le funzioni relative al mandato presidenziale, e tuttavia può accadere che il Capo dello Stato sia oggettivamente impedito a svolgere i suoi compiti, come nel caso di una grave malattia o più semplicemente di un viaggio di rappresentanza.

La Supplenza è quindi, un istituto che consente la continuità delle funzioni presidenziali, anche nell'ipotesi nella quale il Capo dello Stato non possa adempierle a causa di un impedimento.

Perciò distinguiamo due tipi d'impedimenti, nei quali la supplenza è attribuita al Presidente del Senato.

- Impedimenti temporanei: possono essere causati da breve malattia, viaggi di lunga durata, e così via. Il Presidente del Senato sostituisce il Capo dello Stato solo per il periodo strettamente necessario (per i viaggi che il Presidente compie all'estero si parla di supplenza parziale, essa è relativa solo alle funzioni esercitabili all'interno dello Stato).

Impedimenti permanenti: possono essere causati da grave malattia, morte, dimissioni, e così via. Per essi la Costituzione prevede che si proceda a nuove elezioni indette dal Presidente della Camera entro 15 giorni, oppure nel termine più lungo previsto in caso di scioglimento delle Camere, cioè quando manchino meno di tre mesi al loro scioglimento. In tal caso il Presidente del Senato resterà in carica durante l'iter delle elezioni e sino al giorno del giuramento del nuovo Presidente.

Capitolo Settimo
Disamina del Titolo V della Costituzione

Con la legge costituzionale n. 3/2001 è stato completamente riformato il Titolo V della Costituzione italiana, recante norme sulle Regioni, le Province e i Comuni. La riforma assume un carattere essenziale in quanto giunge a conclusione di un lungo cammino verso il decentramento amministrativo e legislativo avviato con la legge n. 59/1997 (cosiddetta legge Bassanini), con il Decreto legislativo n. 469/1997 e il Decreto legislativo n. 112/1998.

Il nuovo testo istituzionale, infatti, opera una nuova e diversa ripartizione delle competenze normative tra Stato, Regioni ed Enti locali, in risposta ai principi di sussidiarietà e federalismo indicati a livello europeo nel Libro Bianco sulla Governance. Tale documento, infatti, ha proposto un totale cambiamento nel modo di esercitare i poteri, promovendo un modello meno verticistico e centralizzato, in favore di una maggiore apertura a diversi soggetti nel processo di elaborazione delle politiche, così da garantire una partecipazione più ampia delle istituzioni e dei cittadini alla definizione e presentazione di tali politiche. Citando un passo del Libro Bianco stesso, questo modello incoraggia ad una maggiore apertura e responsabilizzazione di tutte le parti in causa, e rappresenta un presupposto indispensabile per rendere le politiche più efficaci e più adeguate ai bisogni di un dato contesto.

La riforma costituzionale, pertanto, oltre a determinare un'ampia evoluzione di potestà legislativa in favore delle Regioni, ha operato, in linea con i suddetti principi, una profonda modifica nei rapporti internazionali e con l'Unione Europea, a livello di governance. Alle Regioni viene riconosciuta, infatti, la potestà legislativa concorrente rispetto a quella dello Stato per quanto riguarda i rapporti internazionali e con l'Unione Europea, mentre resta di competenza esclusiva dello Stato la determinazione degli ordinamenti programmatici e legislativi nazionali, nel rispetto del principio dell'unicità della politica estera italiana. Ciò significa che le Regioni, in virtù della riforma costituzionale, potranno comunque concludere, nelle materie di loro competenza, accordi con Stati ed intese con enti territoriali interni ad un altro Stato, sia pure nei casi e con forme disciplinati da leggi dello Stato stesso.

Oltre a quanto detto, un elemento di grande rilievo che caratterizza tutto l'impianto della riforma costituzionale è l'opportunità che viene data alle Regioni e agli Enti locali di utilizzare una più ampia potestà legislativa per progettare e implementare delle nuove ed efficaci soluzioni di politica attiva del lavoro. In modo particolare le competenze in materia di lavoro, formazione professionale e istruzione risultano totalmente ridisegnate secondo un modello che vede assegnata alle Regioni una potestà legislativa concorrente in tema di tutela e sicurezza del lavoro, ed una potestà esclusiva in materia di istruzione e formazione professionale. Si tratta, dunque, di importanti novità sia a livello politico-istituzionale sia a livello culturale.

I provvedimenti in tema di lavoro e di formazione professionale, infatti, rivestono una primaria importanza dal punto di vista della pianificazione di un sistema efficace di politiche preventive, se si pensa a tutto l'impianto di regolazione dell'incontro domanda/offerta attraverso i nuovi Servizi per l'Impiego, o al sistema dell'orientamento o dei tirocini formativi. Pur nel rispetto del principio secondo il quale, in materie di competenza concorrente, spetta allo Stato il compito di dettare con legge i principi fondamentali, l'affidamento alle Regioni della piena responsabilità di legiferare in tali materie rappresenta una potenzialità enorme per migliorare le possibilità occupazionali nel nostro Paese.

Il principio di sussidiarietà, infatti, al quale si ispira l'intera riforma del Titolo V, e che aumenta l'autonomia in capo alle amministrazioni locali, può favorire l'implementazione di interventi di politica attiva mirati alle singole realtà regionali e/o provinciali, in un'ottica di sempre maggiore aderenza delle politiche del lavoro e della formazione alle esigenze di un dato territorio e dei suoi abitanti, anche in ragione delle diverse caratteristiche dei mercati del lavoro locali. Una riforma costituzionale siffatta, dunque, apre la strada ad una serie di normative regionali che si stanno via via definendo e che, sempre in un quadro unitario di diffusione e scambio di buone pratiche, permetteranno di governare e di valorizzare al meglio le diversità territoriali del nostro Paese.

7.1 UNA GRANDE RIFORMA ALLA PROVA DELLA SUA ATTUAZIONE

La riforma è stata approvata, sul finire della XIII legislatura, da una componente parlamentare non ampia, ancorché ovviamente sufficiente a soddisfare il requisito costituzionale della maggioranza assoluta in entrambi i rami del Parlamento. Sebbene il risultato referendario sia stato netto, la partecipazione al voto non è stata elevata. Ma nessuno di questi due rilievi può diminuire l'importanza istituzionale e politica della riforma, nè ovviamente giustificare ritardi e incertezze nella sua attuazione. Né si può, del resto, dimenticare che la riforma è il frutto di una lunga e complessa elaborazione parlamentare e di un ampio confronto tra le forze parlamentari e le rappresentanze delle regioni e delle autonomie locali. Il contenuto del testo ripropone infatti in larga parte quello a suo tempo proposto a larga maggioranza dalla Commissione bicamerale per le riforme costituzionali (istituita con la legge costituzionale n. 1/1997) che fu poi approvato nei suoi primi articoli (anche in tal caso a larga maggioranza) dalla Camera dei deputati nelle sedute del 24, 25, e 26 aprile 1998.

Le diversità fra i due testi sono dovute a tre ragioni: innanzitutto al fatto che quel testo è stato suddiviso in due diverse leggi costituzionali, poiché una parte non irrilevante della riforma del titolo V è stata introdotta con la legge costituzionale n. 1/1999 (autonomia statutaria delle Regioni, elezioni diretta dei Presidenti della Regioni); in secondo luogo al fatto che la seconda legge di riforma del titolo V ha tenuto conto delle modificazioni introdotte nell'ambito delle citate votazioni della Camera dei deputati; in terzo luogo al fatto che sono stati accolti alcuni degli emendamenti suggeriti dalla Conferenza dei Presidenti della Regioni e dalle associazioni delle autonomie locali, accentuando così l'impianto autonomista e federalista del testo. Tra le modifiche è da ricordare quella che portò alla soppressione della clausola generale, prevista nel testo della Commissione bicamerale, che consentiva allo Stato di intervenire con proprie leggi anche nelle materie regionali, "per la tutela di imprescindibili interessi nazionali" (ai sensi dell'articolo 58, comma 3).

Si tratta, del resto, dell'unica riforma della Costituzione che abbia avuto una formale e diretta sanzione popolare, e che dunque consegue da un procedimento non solo formalmente legittimo, ma anche democraticamente fondato su un consenso diretto ed esplicito del corpo elettorale. Non meno rilevante appare il carattere, per così dire, "pattizio" che essa ha assunto in relazione al forte coinvolgimento delle Regioni e degli enti locali nelle diverse fasi della sua elaborazione, ed alla forte influenza che esercitò, sulla decisione del Parlamento, la loro quasi unanime richiesta di procedere all'approvazione della riforma prima dello spirare della XIII legislatura. Anche per questo, il testo della legge n. 3/2001 è risultato più avanzato in termini autonomistici di quanto lo fossero i testi precedentemente emersi nel dibattito parlamentare. È vero che mancano ancora, come si è già accennato, due istituti che, pur non coessenziali ai modelli federali, appaiono sicuramente necessari per completare e consolidare l'evoluzione in senso pienamente e compiutamente federalistico. Ci riferiamo, come è chiaro, ad una riforma della struttura del Parlamento che affianchi ad una Camera eletta a suffragio universale e diretto da tutti i cittadini italiani su base nazionale una Camera delle Regioni e delle autonomie.

Nel contempo, l'attuazione piena ed integrale del vigente testo del Titolo V è, comunque, assolutamente doverosa sul piano giuridico e politico, a partire dagli adempimenti spettanti al Parlamento. Non provvedervi con il dovuto impegno e la necessaria tempestività non rappresenterebbe soltanto una violazione grave del principio di legalità costituzionale, nè rischierebbe soltanto di aprire una fase di caos legislativo e amministrativo, ma rappresenterebbe anche un vulnus del patto intervenuto fra lo Stato e il sistema delle autonomie ed una lesione del principio democratico che impone ai poteri "costituiti" di dare coerente attuazione a quanto deliberato dal corpo elettorale con referendum.

Che cosa cambia nella forma del nostro Stato con l'entrata in vigore della riforma costituzionale del Titolo V? In primo luogo, in base all'articolo 114, la Repubblica risulta "costituita" da Comuni, Province, Città metropolitane, Regioni e Stato, laddove il testo previgente stabiliva che la Repubblica "si riparte in Regioni, Province e Comuni". Cambia così il significato ascritto per tale aspetto alla Repubblica, riconfigurandola come ordinamento generale di cui lo Stato è parte e di cui Regioni ed enti locali sono componenti con pari dignità istituzionale. Alcune conseguenze di questa scelta investono i rapporti fra Stato e Regioni, i soli enti titolari di potestà legislativa. In secondo luogo, il nuovo testo sancisce la fine del criterio del parallelismo tra le funzioni legislative ed amministrative attribuite, rispettivamente, allo Stato e alle Regioni: al parallelismo delle funzioni, già in parte eroso, se non esplicitamente superato, dalla legge delega n. 59/1997 e dai conseguenti decreti delegati (in primis il Decreto legislativo n. 112/1998) corrispondeva, nel previgente ordinamento, un rigido modello di garanzia delle sfere di attribuzione statali e regionali che era stato tuttavia più volte contraddetto dalla introduzione in via legislativa di moduli di integrazione e cooperazione, con i conseguenti problemi applicativi e interpretativi, e che per altro verso aveva finito col mortificare le autonomie territoriali in nome di un risalente culto per l'uniformità. Nel nuovo impianto del Titolo V, la competenza legislativa regionale incontra garanzie particolarmente intense, anche per effetto della soppressione del controllo governativo preventivo sulle leggi e della scomparsa dell'interesse nazionale come limite di merito, che il vecchio testo dell'articolo 127 assegnava al discrezionale apprezzamento del Parlamento nazionale. Di converso, la riarticolazione territoriale delle funzioni amministrative eè improntata ai più flessibili principi di sussidiarietà, differenziazione e adeguatezza, i quali richiedono in ogni caso istanze e congegni di raccordo soprattutto a livello intraregionale. In terzo luogo, la nuova versione dell'articolo 119 prevede più efficaci strumenti di garanzia dell'autonomia finanziaria degli enti territoriali, come risulta in particolare dalla distinta menzione, al secondo comma, del potere di stabilire ed applicare "tributi ed entrate propri", in armonia con la Costituzione e con i principi di coordinamento della finanza pubblica e del sistema tributario, e della attribuzione di "compartecipazioni al gettito di tributi erariali riferibile ai loro territori". Nello stesso tempo, e su questa premessa, il nuovo testo istituisce un fondo statale perequativo a favore dei "territori con minore capacità fiscale per abitante", nonché risorse aggiuntive ed interventi speciali dello Stato per provvedere a scopi diversi dal normale esercizio delle funzioni delle autonomie, per promuoverne lo sviluppo e la coesione sociale, e per il perseguimento delle altre finalità costituzionali enunciate dal quinto comma del medesimo articolo 119.

7.2 AMBITO DI OPERATIVITÁ

Nel Titolo V della Costituzione, recante in rubrica "Le regioni, le province, i comuni", è dato rinvenire la disciplina, di rango costituzionale, dei rapporti tra lo Stato e le regioni, oltre che con gli enti locali.

In realtà, le regole contenute nel Titolo V sono volte a disciplinare i rapporti tra lo Stato e le regioni cosiddette "ordinarie", mentre il rapporto (sarebbe meglio dire i rapporti) con le regioni "a statuto speciale" (quelle cioè che dispongono di particolari condizioni di autonomia) è, come sancito dall'articolo 116 della Costituzione, disciplinato dai singoli Statuti speciali, adottati con legge costituzionale.

In effetti, in ciascuno degli Statuti speciali è stata riconosciuta, alla singola regione o provincia autonoma, una particolare forma di autonomia, ben più ampia di quella concessa, dal testo originario della Costituzione, alle regioni ordinarie, e che è stata "frutto" di una autonoma negoziazione tra Regioni e Stato, in considerazione delle peculiarità di ciascun contesto socio-economico locale e delle particolari esigenze della comunità regionale o provinciale. Pur tuttavia, si devono rilevare numerose analogie di struttura tra i diversi statuti. Ciascuno statuto ha comunque previsto un particolare procedimento per l'emanazione delle norme di attuazione e di revisione, procedimento che vede Stato e Regione negoziare, sostanzialmente, un testo normativo, che viene successivamente recepito mediante un provvedimento formalmente statale.

7.3 I PRINCIPI CARDINE DELLA RIFORMA DEL 2001

Fatta questa doverosa premessa occorre tuttavia considerare come l'intero Titolo V sia stato oggetto di una recente riforma, operata con la legge costituzionale n. 3/2001, i cui effetti avremo modo di approfondire. La riforma, occorre subito rilevarlo, è stata caratterizzata da una nuova impostazione dei rapporti tra lo Stato e le regioni, in applicazione del **principio di sussidiarietà**, che impone di mantenere allo Stato solamente i compiti essenziali, che non possono essere svolti in maniera soddisfacente dalle regioni e dagli enti locali. Un posto di rilievo occupa altresì il principio di parità formale tra Stato, Regioni ed Enti locali, costituzionalizzato dal nuovo articolo 114 della Costituzione.

Questa disposizione, infatti, prevede che "La Repubblica è costituita dai Comuni, dalle Province, dalle Città metropolitane, dalle Regioni e dallo Stato". Balza subito agli occhi la differenza con il testo previgente ("la Repubblica si ripartisce in Regioni, Province, Comuni"), che presupponeva una equivalenza tra Repubblica e Stato; nel nuovo testo, invece, lo Stato è solo uno dei componenti della Repubblica, unitamente agli altri Enti elencati.

Tornando al principio di sussidiarietà, deve rilevarsi come quest'ultimo, pur richiamato espressamente dall'articolo 118, concernente la ripartizione delle funzioni amministrative, informi (come la stessa Corte costituzionale ha affermato nella nota decisione n. 303/2003) anche la ripartizione delle competenze legislative, di cui all'articolo 117.

7.4 IL "NUOVO" ART. 117

L'articolo 117, in particolare, è stato oggetto di una vera e propria "rivoluzione". Mentre nel testo originario la disposizione si limitava ad elencare le materie nelle quali le Regioni ordinarie potevano esercitare la propria potestà legislativa, che era unicamente di tipo concorrente e costituiva, nel sistema generale, un aspetto eccezionale rispetto alla generale attribuzione allo Stato della potestà legislativa, il nuovo art. 117, come modificato dalla legge costituzionale n. 3/2001, "rovescia" l'originaria impostazione del testo, procedendo alla elencazione espressa, ai commi secondo e terzo, delle materie di competenza statale (esclusiva e concorrente) e prevedendo, al quarto comma, l'attribuzione alle Regioni della "potestà legislativa in riferimento ad ogni materia non espressamente riservata alla legislazione dello Stato". Questo tipo di potestà legislativa regionale, definita "residuale", testimonia il rilievo generale assunto dalla legislazione regionale, che non ha più natura eccezionale.

Indice di questo nuovo assetto è anche la disposizione del primo comma del nuovo articolo 117, il quale sancisce che "La potestà legislativa è esercitata dallo Stato e dalle Regioni", ed impone ad entrambi i legislatori, in egual misura, il "rispetto della Costituzione, nonché dei vincoli derivanti dall'ordinamento comunitario e dagli obblighi internazionali". Grazie al nuovo primo comma, l'articolo 117 viene ad assumere il ruolo di norma generale regolatrice delle competenze legislative, che nella formulazione originaria non possedeva. Nel vecchio testo non vi era infatti una disposizione di ordine generale sulla ripartizione della potestà legislativa: all'articolo 117 della Costituzione, che individuava e delimitava le materie di potestà legislativa regionale, si contrapponevano gli articoli 70 e seguenti della stessa Carta, che disciplinavano l'esercizio della funzione legislativa in generale, pur se si riferivano espressamente a quella statale, come la stessa collocazione testimonia. Il testo dell'articolo 117 della Costituzione, al comma secondo, elenca le materie di competenza esclusiva statale, ripartite in 17 "blocchi" di materie, enumerate con le lettere dell'alfabeto; nelle predette materie, l'attività legislativa, per la particolare rilevanza dei contenuti, è consentita esclusivamente al legislatore statale.

Al comma terzo troviamo un altro elenco, concernente le materie nelle quali la potestà è concorrente, vale a dire ripartita tra il legislatore statale, che deve limitarsi ad emanare disposizioni di principio, e il legislatore (in realtà, i legislatori) regionale, cui spetta emanare le disposizioni di dettaglio. Scorrendo questo ulteriore elenco, si può rilevare come, a differenza di quanto previsto dal "vecchio" articolo 117 della Costituzione, le nuove materie di competenza concorrente concernano anche ambiti di particolare rilievo per gli interessi dell'intera Nazione: si pensi alla materia delle "grandi reti di trasporto e di navigazione" o a quella della "produzione, trasporto e distribuzione nazionale dell'energia", o ancora all'"ordinamento della comunicazione", alla "tutela e sicurezza del lavoro" e alle "professioni".

Il comma quarto, come affermato in precedenza, e attraverso una scelta innovativa, prevede l'attribuzione al legislatore regionale di tutte le altre materie.

Il nuovo testo dell'articolo 117 della Costituzione prevede pertanto una tripartizione, in quanto alla duplice elencazione dei commi secondo e terzo fa da complemento un gruppo di materie "non elencate", la cui individuazione, di volta in volta, compete all'interprete. È comunque agevole constatare come la competenza legislativa regionale sia, in astratto, destinata ad espandersi quanto più vengano interpretate restrittivamente le disposizioni che attribuiscono le materie alla competenza statale.

Per completezza di esposizione, si deve rilevare in questa sede come, ai sensi del comma sesto dell'articolo 117, la potestà regolamentare possa essere esercitata, da parte statale, solo nelle materie di competenza esclusiva statale. Lo Stato non può pertanto emanare regolamenti nelle materie di competenza concorrente (tanto meno in quelle di potestà esclusiva regionale): ciò si spiega agevolmente con la circostanza che i regolamenti hanno, per definizione, una valenza attuativa, di dettaglio e, nelle materie di competenza concorrente il legislatore statale può emanare solo disposizioni di principio.

7.5 I LIMITI DELLA RIFORMA

Il principale problema suscitato dalla attuazione della riforma (la cui risoluzione, in mancanza di chiare e univoche soluzioni legislative, è stata delegata alla Corte costituzionale) è stato quello della individuazione del contenuto delle materie e della precisa delimitazione del loro ambito. Il problema presenta aspetti di ulteriore complessità per le materie di competenza concorrente, in quanto in tal fattispecie non basta delimitare la materia nei suoi confini "esterni" (distinguendola dalle altre materie), ma occorre altresì procedere alla qualificazione delle singole disposizioni le quali, se ritenute di principio, competono al legislatore statale, e, se ritenute di dettaglio, sono di competenza regionale.

Tutto ciò ha fatto sì che il periodo immediatamente successivo all'entrata in vigore della cosiddetta "riforma del Titolo V" sia stato caratterizzato da un contenzioso, tra Stato e Regioni, di dimensioni spropositate, che ha costretto la Corte costituzionale, chiamata a risolvere, con oltre cinquecento pronunce in cinque anni, le questioni sottoposte al suo giudizio, ad una eccezionale opera di ricostruzione del sistema, svolta con certosina dedizione, anche se inevitabilmente caratterizzata da un metodo casistico.

Si è pertanto venuta ad affermare e consolidare una nuova giurisprudenza costituzionale, spesso creativa, una sorta di diritto costituzionale vivente del Titolo V, che appare a volte anche "distaccato" dalla lettera della disposizione costituzionale, caratterizzato da una tendenza al progressivo ridimensionamento del ruolo delle materie, in favore di un sistema di ripartizione delle competenze legislative che tenga conto anche della dimensione degli interessi (unitari o locali) che devono essere di volta in volta soddisfatti.

7.6 IL "NUOVO" ART. 118

Per apprezzare appieno la portata innovativa della riforma, occorre soffermarsi brevemente anche sulla ripartizione delle competenze amministrative, disciplinata dall'articolo 118 della Costituzione, anch'esso oggetto di una rivoluzione, se vogliamo ancor più incisiva di quella concernente il precedente articolo 117.

Per rendersene conto, occorre comparare il nuovo testo con quello antecedente la riforma, che si limitava ad affermare, sulla base del cosiddetto "principio del parallelismo", l'attribuzione alle regioni della competenza amministrativa nelle stesse materie nelle quali l'articolo 117 già attribuiva la competenza legislativa (ad analogo criterio sono tuttora improntati gli statuti di autonomia delle regioni e province autonome). La disposizione prevedeva tuttavia che le funzioni di interesse esclusivamente locale potessero essere attribuite agli Enti locali direttamente dalla legge statale. Il secondo comma dell'originario articolo 117 stabiliva inoltre che lo Stato potesse, con legge, delegare alla regione l'esercizio di funzioni amministrative aggiuntive.

Il nuovo articolo 118, al primo comma, prevede l'attribuzione, in linea di principio, delle "funzioni amministrative" ai Comuni, senza operare distinzioni per materia, ma al contempo prevede la possibilità che le predette funzioni, per assicurarne l'esercizio unitario, siano conferite, sulla base dei principi di sussidiarietà, differenziazione e adeguatezza, a "Province, Città metropolitane, Regioni e Stato". Il principale elemento di novità della disposizione è ravvisabile proprio nel fatto che la funzione amministrativa venga organizzata autonomamente rispetto alla funzione legislativa: il riparto delle funzioni amministrative si muove in senso trasversale rispetto al riparto delle competenze legislative fra Stato e Regioni, e può non coincidere con il riparto delle competenze legislative. L'altro aspetto di rilievo è che la norma, facendo applicazione espressa del principio di sussidiarietà, esprime una preferenza generalizzata per gli enti più vicini ai cittadini, *in primis* il Comune, al quale deve in linea di principio spettare la potestà di amministrare i consociati. La disposizione introduce tuttavia un criterio flessibile, guidato dai principi generali di sussidiarietà, differenziazione e adeguatezza, volto alla concreta collocazione delle funzioni ai vari livelli di governo. Ne consegue pertanto che, in presenza di funzioni che non possano essere gestite dai singoli comuni secondo i propri particolarismi, ma richiedano una visione unitaria, la norma prevede l'assunzione di competenze da parte dell'ente collocato al livello "superiore" (non in senso gerarchico, ma di ampiezza di competenze, anche in senso territoriale): la Provincia, quindi la Regione, fino ad arrivare allo Stato.

Il nuovo articolo 118 si muove, pertanto, dalla funzione verso l'istituzione: le competenze vengono attribuite agli enti che abbiano una dimensione idonea ad assicurare la maggior prossimità possibile con la realtà collettiva e sociale, anche privilegiando forme di esercizio associato delle stesse da parte degli enti territoriali di base (comuni). Nello specifico, il principio di sussidiarietà esprime una esigenza di prossimità con la società, le collettività e il territorio; il principio di adeguatezza esplicita, a sua volta, il rapporto obbligato di rispondenza della collocazione delle funzioni rispetto alla realtà sociale e territoriale di riferimento; infine, il principio di differenziazione esprime la conseguente possibilità che non vi sia, e non vi debba essere, una necessaria corrispondenza fra tipi di istituzioni e funzioni ad esse spettanti.

All'indomani dell'approvazione della riforma costituzionale, pertanto, se era ben chiaro che lo Stato potesse esercitare la funzione amministrativa in presenza di esigenze unitarie, non risultavano però definiti i presupposti atti a rendere operativa siffatta potestà di attrazione; analogamente, non era individuato a chiare lettere, nei nuovi articoli 117 e 118 della Costituzione, quale fosse l'ente chiamato a disciplinare, a livello legislativo, la funzione amministrativa. Il legislatore costituzionale del 2001 non aveva neppure chiarito se fosse consentito al legislatore statale assumere e regolare l'esercizio di funzioni amministrative su materie in relazione alle quali esso non vantava una potestà legislativa esclusiva ma solo concorrente. L'interrogativo verrà risolto dalla Corte costituzionale con la già menzionata decisione n. 303/2003, la quale, andando forse al di là delle aspettative statali, ha ravvisato nella disposizione dell'articolo 118, comma primo, della Costituzione, un "meccanismo dinamico" che consente l'attrazione allo Stato, in presenza di esigenze unitarie, non solo dell'esercizio delle funzioni amministrative, ma anche delle stesse corrispondenti funzioni legislative regionali, finendo così per "rendere meno rigida la stessa distribuzione delle competenze legislative". Secondo la Corte, "il principio di legalità [...] impone che anche le funzioni assunte per sussidiarietà siano organizzate e regolate dalla legge", il che "conduce logicamente ad escludere che le singole Regioni, con discipline differenziate, possano organizzare e regolare funzioni amministrative attratte a livello nazionale e ad affermare che solo la legge statale possa attendere a un compito siffatto".

La Corte ha evidenziato quindi la peculiare funzione attribuita alla sussidiarietà dal combinato disposto degli articoli 117 e 118 della Costituzione, che si discosta in parte da quella già conosciuta nel nostro diritto di fonte legale. Con la sua incorporazione nel testo della Costituzione si è invece resa attiva una vocazione dinamica della sussidiarietà, che le consente di operare non più come *ratio* ispiratrice e fondamento di un ordine di attribuzioni stabilite e predeterminate, ma come fattore di flessibilità di quell'ordine in vista del soddisfacimento di esigenze unitarie.

7.7 IL "NUOVO" ART. 119.

Per concludere questa infarinatura, a linee generali, sulla riforma del 2001, occorre soffermarsi sull'articolo 119 della Costituzione, che ha operato come i precedenti una sorta di "rivoluzione" nel contesto del sistema finanziario e tributario di regioni ed enti locali.

Con il nuovo articolo 119, infatti, il legislatore costituzionale ha inteso sostituire un nuovo sistema a quello precedente (e in non piccola parte tuttora vigente), che era caratterizzato da una finanza regionale e locale prevalentemente "derivata", nella quale, cioè, le risorse di Regioni ed Enti locali vengono per lo più trasferite dal bilancio dello Stato, al quale spetta dettare una disciplina unitaria di tutti i tributi, con limitate possibilità riconosciute a regioni ed enti locali di effettuare autonome scelte (ovviamente, è appena il caso di sottolinearlo, il discorso non vale per le autonomie speciali). Il nuovo testo della disposizione mira, al contrario, a istituire un sistema ispirato a principi del cosiddetto "federalismo fiscale", nel quale Comuni, Province e Regioni, posti sullo stesso piano, "hanno autonomia finanziaria di entrata e di spesa" (primo comma), godendo di "risorse autonome", in quanto "stabiliscono e applicano tributi ed entrate propri". Ciò deve avvenire "in armonia con la Costituzione e secondo i principi di coordinamento della finanza pubblica e del sistema tributario", dettati dal legislatore statale. In questo nuovo sistema, accanto alle entrate derivanti dai "tributi propri", Regioni ed Enti locali godranno anche di "compartecipazioni al gettito di tributi erariali riferibile al loro territorio" (secondo comma).

Infine, è prevista una terza fonte di finanziamento, costituita dai trasferimenti dal cosiddetto "fondo perequativo", istituito con legge statale, in favore delle regioni "con minore capacità fiscale per abitante", senza vincolo di destinazione. Il fondo in questione è destinato alla redistribuzione delle risorse, a fini di solidarietà interregionale, tra territori con capacità fiscale elevata e territori con capacità fiscale ridotta, così da poter consentire alle regioni meno abbienti di poter finanziare le proprie funzioni, o quanto meno quelle inerenti le prestazioni essenziali che devono essere garantite su tutto il territorio nazionale, sul presupposto che il passaggio da una finanza derivata ad una di stampo federalistico impone inevitabilmente di attenuare differenze di reddito prodotto nelle varie parti del territorio nazionale

Le risorse derivanti dalle suindicate fonti devono consentire a tali enti di "finanziare integralmente le funzioni pubbliche loro attribuite". Regioni ed Enti locali non possono (meglio: non potranno, quando sarà in pieno vigore questa parte della riforma) godere, per il normale esercizio delle proprie funzioni, di trasferimenti statali, anche se sono possibili, in via eccezionale, risorse aggiuntive e di interventi speciali in favore di Comuni, Province, Città metropolitane e Regioni, ma solo per promuovere specifici obiettivi di sviluppo "per provvedere a scopi diversi dal normale esercizio" delle funzioni degli enti autonomi.

7.8 L'ARTICOLO 10 DELLA LEGGE COSTITUZIONALE N. 3/2001

In conclusione, non può non rilevarsi come la riforma, con tutti i suoi limiti, abbia comunque notevolmente ampliato le prerogative delle Regioni ordinarie, assimilandole, per molti aspetti, a quelle delle regioni speciali. Sotto alcuni profili, anzi, la legge costituzionale

n. 3/2001 ha conferito alle Regioni ordinarie forme di autonomia ancor più ampie rispetto a quelle concesse in base agli statuti alle autonomie speciali, tanto da indurre il legislatore costituzionale del 2001 (che, per quanto detto, non poteva incidere "unilateralmente" sulla disciplina introdotta dagli statuti speciali) a prevedere, all'articolo 10 della legge costituzionale n. 3/2001, una clausola (cosiddetta "di miglior favore"), volta ad estendere "anche alle Regioni a statuto speciale ed alle Province autonome di Trento e di Bolzano", quelle parti delle disposizioni della riforma che "prevedono forme di autonomia più ampie rispetto a quelle già attribuite"; e ciò, è precisato, "sino all'adeguamento dei rispettivi statuti".

7.9 COMMENTO DEL TESTO LEGISLATIVO

Articolo 114

"La Repubblica è costituita dai Comuni, dalle Province, dalle Città Metropolitane, dalle Regioni e dallo Stato.

I Comuni, le Province, Le Città Metropolitane e le Regioni sono enti autonomi con propri statuti, poteri e funzioni secondo i principi fissati dalla Costituzione.

Roma è la Capitale della Repubblica. La legge dello Stato disciplina il suo ordinamento."

La riforma del 2001 ha trasformato radicalmente il precedente assetto delle Regioni, delle Province e dei Comuni. Il vecchio articolo 114, al primo comma, disponeva che "la Repubblica si riparte in Regioni, Province, Comuni". La nuova versione di questo comma stabilisce che: "la Repubblica è costituita da Comuni, dalle Province, dalle Città Metropolitane, dalle Regioni e dallo Stato". In questo modo si viene a costituire un ordinamento generale di cui sono parti ugualmente necessarie tutte le sue articolazioni, dal Comune allo Stato. La Repubblica, quindi, non si identifica più con lo Stato, ma risulta da tutti gli enti territoriali in cui trova espressione la sovranità popolare. Si può, inoltre, notare, una inversa elencazione degli enti territoriali allo scopo di applicare il principio di sussidiarietà: la Nazione si costruisce dal basso, partendo dagli enti territoriali più vicini ai cittadini. Lo Stato è collocato per ultimo e le sue funzioni risultano tassative e limitate. Infine, esiste una differenza tra Stato ed Enti locali: gli Enti locali sono enti autonomi con propri statuti, poteri e funzioni secondo i principi fissati dalla Costituzione; lo Stato, invece, non è definito in quanto ha il compito generale di garantire l'ordinato sviluppo della vita delle istituzioni.

Articolo 115: abrogato.

Articolo 116

"Il Friuli Venezia Giulia, la Sardegna, la Sicilia, il Trentino-Alto Adige/Südtirol e la Valle d'Aosta/Vallée d'Aoste dispongono di forme e condizioni particolari di autonomia, secondo i rispettivi statuti speciali adottati con legge costituzionale.

La Regione Trentino-Alto Adige/Südtirol è costituita dalle Province autonome di Trento e di Bolzano.

Ulteriori forme e condizioni particolari di autonomia, concernenti le materie di cui al terzo comma dell'articolo 117 e le materie indicate dal secondo comma del medesimo articolo alle lettere l), limitatamente all'organizzazione della giustizia di pace, n) e s), possono essere attribuite ad altre Regioni, con legge dello Stato, su iniziativa della Regione interessata, sentiti gli enti locali, nel rispetto dei principi di cui all'articolo 119.

La legge è approvata dalle Camere a maggioranza assoluta dei componenti, sulla base di intesa fra lo Stato e la Regione interessata."

Secondo l'articolo 116 esistono due distinte categorie di Regioni: le Regioni a statuto speciale e le Regioni a statuto ordinario. Alle cinque regioni sopra menzionate furono riconosciute forme e condizioni particolari di autonomia per ragioni quali la presenza di forti gruppi linguistici non italiani, la posizione geografica di confine, la minaccia del separatismo, la presenza di problemi di sottosviluppo rispetto al resto d'Italia.

Entrambi i tipi di Regione hanno uno Statuto, cioè una legge fondamentale della loro autonomia; esistono, però, differenze sia di contenuto che di natura giuridica.

Per quanto riguarda la natura giuridica, gli Statuti speciali sono contenuti in leggi costituzionali e, come tali, hanno lo stesso valore nella gerarchia delle fonti, quindi non possono essere abrogati o contraddetti da leggi ordinarie. Inoltre, le Regioni speciali, con una legge da approvarsi con maggioranza assoluta, impugnabile di fronte alla Corte costituzionale e sottoponibile a referendum, possono determinare la propria forma di governo in armonia con la Costituzione e i principi dell'ordinamento giuridico della Repubblica.

Gli Statuti ordinari, invece, sono atti della Regione adottati in armonia con la Costituzione. Essi sono approvati e modificati dal Consiglio regionale con una legge approvata a maggioranza assoluta dei suoi componenti, con due deliberazioni successive adottate a intervallo non minore di 2 mesi. Entro 30 giorni dalla pubblicazione della legge il Governo può porre la questione di legittimità costituzionale alla Corte Costituzionale, ed entro 3 mesi dalla pubblicazione lo Statuto può essere sottoposto a referendum popolare se ne fa richiesta 1/50 degli elettori della Regione ovvero 1/5 dei componenti del Consiglio regionale.

Per quanto riguarda i contenuti, gli Statuti speciali contengono, per ciascuna delle cinque Regioni speciali, l'intera disciplina della loro autonomia (rapporti con lo Stato e con gli Enti locali, materie spettanti alla cura delle Regioni stesse, potestà legislativa e amministrativa, controlli e finanza) e dell'organizzazione dei poteri regionali (la forma di governo della Regione).

Gli Statuti ordinari hanno una portata più limitata, poiché la disciplina dell'autonomia delle quindici Regioni ordinarie è contenuta nella Costituzione. Essi, quindi, si limitano a determinare la forma di governo e i principi fondamentali di organizzazione e funzionamento della Regione.

Il terzo comma dell'articolo si riferisce al cosiddetto "regionalismo differenziato", cioè alla possibilità che anche Regioni non speciali ottengano maggiore autonomia in relazione ad alcune materie e nel rispetto dei principi che, in ambito finanziario, gravano sugli enti locali ai sensi dell'articolo 119 della Costituzione. Le materie in esame sono sia concorrenti (per cui lo Stato fissa la disciplina di principio e le Regioni quella di dettaglio) sia esclusive statali.

Articolo 117

"La potestà legislativa è esercitata dallo Stato e dalle Regioni nel rispetto della Costituzione, nonché dei vincoli derivanti dall'ordinamento comunitario e dagli obblighi internazionali.

Lo Stato ha legislazione esclusiva nelle seguenti materie:

a) politica estera e rapporti internazionali dello Stato; rapporti dello Stato con l'Unione europea; diritto di asilo e condizione giuridica dei cittadini di Stati non appartenenti all'Unione europea;

b) immigrazione;

c) rapporti tra la Repubblica e le confessioni religiose;

d) difesa e Forze armate; sicurezza dello Stato; armi, munizioni ed esplosivi;

e) moneta, tutela del risparmio e mercati finanziari; tutela della concorrenza; sistema valutario; sistema tributario e contabile dello Stato; perequazione delle risorse finanziarie;

f) organi dello Stato e relative leggi elettorali; referendum statali; elezione del Parlamento europeo;

g) ordinamento e organizzazione amministrativa dello Stato e degli enti pubblici nazionali;

h) ordine pubblico e sicurezza, ad esclusione della polizia amministrativa locale;

i) cittadinanza, stato civile e anagrafi;

l) giurisdizione e norme processuali; ordinamento civile e penale; giustizia amministrativa;

m) determinazione dei livelli essenziali delle prestazioni concernenti i diritti civili e sociali che devono essere garantiti su tutto il territorio nazionale;

n) norme generali sull'istruzione;

o) previdenza sociale;

p) legislazione elettorale, organi di governo e funzioni fondamentali di Comuni, Province e Città metropolitane;

q) dogane, protezione dei confini nazionali e profilassi internazionale;

r) pesi, misure e determinazione del tempo; coordinamento informativo statistico e informatico dei dati dell'amministrazione statale, regionale e locale; opere dell'ingegno;

s) tutela dell'ambiente, dell'ecosistema e dei beni culturali.

Sono materie di legislazione concorrente quelle relative a: rapporti internazionali e con l'Unione europea delle Regioni; commercio con l'estero; tutela e sicurezza del lavoro; istruzione, salva l'autonomia delle istituzioni scolastiche e con esclusione della istruzione e della formazione professionale; professioni; ricerca scientifica e tecnologica e sostegno all'innovazione per i settori produttivi; tutela della salute; alimentazione; ordinamento sportivo; protezione civile; governo del territorio; porti e aeroporti civili; grandi reti di trasporto e di navigazione; ordinamento della comunicazione; produzione, trasporto e distribuzione nazionale dell'energia; previdenza complementare e integrativa; armonizzazione dei bilanci pubblici e coordinamento della finanza pubblica e del sistema tributario; valorizzazione dei beni culturali e ambientali e promozione e organizzazione di attività culturali; casse di risparmio, casse rurali, aziende di credito a carattere regionale; enti di credito fondiario e agrario a carattere regionale. Nelle materie di legislazione concorrente spetta alle Regioni la potestà legislativa, salvo che per la determinazione dei principi fondamentali, riservata alla legislazione dello Stato.

Spetta alle Regioni la potestà legislativa in riferimento ad ogni materia non espressamente riservata alla legislazione dello Stato.

Le Regioni e le Province autonome di Trento e di Bolzano, nelle materie di loro competenza, partecipano alle decisioni dirette alla formazione degli atti normativi comunitari e provvedono all'attuazione e all'esecuzione degli accordi internazionali e degli atti dell'Unione europea, nel rispetto delle norme di procedura stabilite da legge dello Stato, che disciplina le modalità di esercizio del potere sostitutivo in caso di inadempienza.

La potestà regolamentare spetta allo Stato nelle materie di legislazione esclusiva, salva delega alle Regioni. La potestà regolamentare spetta alle Regioni in ogni altra materia. I Comuni, le Province e le Città metropolitane hanno potestà regolamentare in ordine alla disciplina dell'organizzazione e dello svolgimento delle funzioni loro attribuite.

Le leggi regionali rimuovono ogni ostacolo che impedisce la piena parità degli uomini e delle donne nella vita sociale, culturale ed economica e promuovono la parità di accesso tra donne e uomini alle cariche elettive.

La legge regionale ratifica le intese della Regione con altre Regioni per il migliore esercizio delle proprie funzioni, anche con individuazione di organi comuni.

Nelle materie di sua competenza la Regione può concludere accordi con Stati e intese con enti territoriali interni ad altro Stato, nei casi e con le forme disciplinati da leggi dello Stato."

La riforma del 2001 ha riguardato varie disposizioni del Titolo V, ma in relazione alla norma in commento le modifiche sono state realmente incisive. Una rivoluzione si è avuta nella stessa formulazione della disposizione. Prima della riforma, infatti, essa indicava quali fossero le materie in cui le Regioni potevano legiferare, nel rispetto sia dei principi di cui alla legge nazionale sia dell'interesse statale e delle altre Regioni. Ad oggi sono tassativamente indicate quelle di competenza esclusiva statale e concorrente, mentre quelle che non vi rientrano spettano alla potestà regionale, definita pertanto "residuale". Ciò rende evidente un mutamento nella stessa prospettiva del legislatore. Con la riforma del 2001 questi ha accomunato sotto i medesimi limiti tanto la potestà legislativa statale che quella regionale, la quale ultima, però, è soggetta anche ad un vincolo di tipo geografico: ciascuna Regione, infatti, non può che legiferare per il proprio territorio. Sia lo Stato che la Regione, invece, sono tenuti al rispetto tanto del diritto comunitario che di quello internazionale (sia pattizio che consuetudinario). Inoltre, si deve considerare come la costruzione della disposizione in esame vada a modificare la stessa potestà legislativa (come disciplinata dagli articolo 72 e seguenti della Costituzione) in relazione al suo possibile contenuto.

Sostanzialmente quindi possiamo affermare che la potestà legislativa generale in Italia appartiene allo Stato e alle Regioni, posti sullo stesso piano; la competenza è attribuita per materie. Le materie di competenza dell'uno e dell'altro sono dettate dall'articolo 117 della Costituzione nei commi 2, 3 e 4.

La coesistenza di due fonti legislative, statale e regionale, pone il problema di stabilire il confine tra le due, partendo dal presupposto che hanno lo stesso valore e non sono atti posti su posizioni diverse nella scala gerarchica.

Quindi, è necessario fissare un criterio di competenza che si articola come segue.

- **competenza esclusiva dello stato**: il secondo comma dell'articolo 117 elenca espressamente le materie in cui lo Stato ha una potestà legislativa esclusiva, allo scopo di valorizzare e di non pregiudicare il principio unitario della

Repubblica. Si tratta di 17 settori sui quali si possono individuare diversi raggruppamenti.

1. rapporti dell'ordinamento italiano con altri ordinamenti (politica estera e rapporti internazionali dello Stato, rapporti con l'Unione Europea, diritto di asilo, e così via).

2. ordine e sicurezza esterna e interna (difesa e forze armate, armi, ordine pubblico, dogane, e così via, anche se va segnalato che questa materia, in realtà, è oggetto di disciplina anche a livello locale, come si evince dal successivo articolo 118, comma 3 della Costituzione, secondo il quale è necessario che l'attività di Stato e Regioni sia coordinata, ed è necessario considerare come con essa possano interferire anche materie di potestà concorrente, come la tutela della salute o l'istruzione).

3. governo dell'economia (moneta, tutela del risparmio, tutela della concorrenza, sistema tributario e contabile dello Stato, e così via). Le parole "armonizzazione dei bilanci pubblici" sono state inserite dall'articolo 3, comma 1, lettera a) della legge costituzionale n.1/2012. Ai sensi dell'articolo 6 della stessa legge queste disposizioni si applicano a decorrere dall'esercizio finanziario relativo all'anno 2014. Sulla spinta dell'appartenenza dell'Italia all'Unione Europea tale riforma ha costituzionalizzato il principio di pareggio di bilancio. Esso coinvolge sia lo Stato che gli Enti locali (si vedano, altresì, gli artt. 81, 97 e 119 della Costituzione). La circostanza che queste materie siano di competenza esclusiva statale si deve al fatto che esse toccano valori che coinvolgono l'intera comunità. Esse, per la loro delicatezza, vengono dallo Stato centrale

consegnate alla cura di soggetti indipendenti (le cosiddette "Autorities").

4. organizzazione dello Stato (organi dello Stato e leggi elettorali, referendum statali, elezioni del Parlamento europeo) e degli Enti locali (legislazione elettorale, organi di governo, e così via). Questo comma si riferisce solo agli enti statali, non a quelli territoriali.

5. sistema della giustizia (giurisdizione e norme processuali, ordinamento civile e penale, giustizia amministrativa).

6. metodi delle misurazioni (pesi e misure, determinazione del tempo, metodi di gestione dei dati statici ed informatici dell'amministrazione statale, regionale e locale).

7. cittadinanza e diritti fondamentali comuni a tutti i cittadini (requisiti della cittadinanza, stato civile, anagrafi, norme generali sull'istruzione, previdenza sociale, e così via).

8. tutela dell'ambiente, dell'ecosistema e dei beni culturali. Questa materia deve essere letta unitamente ad altre, quali la valorizzazione dei beni culturali, la Protezione civile (di potestà concorrente) e la caccia e la pesca (di potestà esclusiva statale).

- **competenza concorrente tra stato e regioni**: il terzo comma dell'articolo 117 individua alcuni settori nei quali si determina una suddivisione della funzione legislativa e dei compiti che devono essere svolti dallo Stato e dalle Regioni: Allo Stato spetta determinare i principi fondamentali attraverso leggi quadro o leggi cornice, mentre alle Regioni spetta emanare la legislazione specifica di settore. Le materie della legislazione concorrente non possono essere raccolte in gruppi omogenei, così devono essere elencate secondo la previsione costituzionale:

1. rapporti internazionali delle Regioni e con l'Unione Europea;
2. commercio con l'estero;
3. tutela e sicurezza sul lavoro;
4. istruzione;
5. libere professioni;
6. ricerca scientifica e tecnologica e sostegno dell'innovazione per i settori produttivi;
7. tutela della salute;
8. alimentazione;
9. ordinamento sportivo;
10. protezione civile;
11. governo del territorio;
12. porti e aeroporti civili;
13. grandi reti di trasporto e di navigazione;
14. ordinamento della comunicazione;
15. produzione, trasporto e distribuzione nazionale dell'energia;
16. previdenza complementare e integrativa;
17. armonizzazione dei bilanci pubblici e coordinamento della finanza pubblica e del sistema tributario;
18. valorizzazione dei beni culturali e ambientali e promozione e organizzazione di attività culturali;
19. casse di risparmio, casse rurali, aziende di credito a carattere regionale;
20. enti di credito fondiario e agrario a carattere regionale.

- **competenza esclusiva delle regioni**: i settori che rientrano nella potestà legislativa residuale delle Regioni non sono definiti nel testo costituzionale, ma vanno ricavati per esclusione. Esiste, dunque, una clausola generale che riserva a tale competenza tutto ciò che non è espressamente indicato.

Il terzo comma dell'articolo prevede la possibilità che la legge dello Stato possa attribuire ulteriori forme e condizioni particolari di autonomia a singole Regioni e nelle materie di legislazione esclusiva dello Stato che riguardano l'organizzazione della giustizia di pace, l'istruzione e la tutela dell'ambiente, dell'ecosistema e dei beni culturali. In questo caso si parla di limitato regionalismo differenziato: le Regioni che lo ritengono opportuno, e sono idonee a esercitare ulteriori competenze, possono ottenere il potenziamento della loro autonomia a cominciare dai propri poteri legislativi.

Il sesto comma dell'articolo dispone che allo Stato spetta la potestà regolamentare nelle materie di legislazione esclusiva, mentre in ogni altra materia (di competenza concorrente e di competenza esclusiva regionale) il potere regolamentare spetta alle Regioni. Lo stesso comma aggiunge che, nelle materie di competenza esclusiva statale, la legge può delegare alle Regioni la potestà regolamentare in modo che l'attuazione e l'esecuzione delle leggi dello Stato possano essere adattate alle rispettive esigenze delle Regioni.

Anche i Comuni, le Province e le Città metropolitane dispongono di un potere regolamentare; in tal caso il potere regolamentare non è esercitato per attuare o eseguire delle leggi (non esistono leggi degli enti locali), ma serve a disciplinare autonomamente l'organizzazione e lo svolgimento delle funzioni loro attribuite dalla legge (statale o regionale).

Articolo 118

"Le funzioni amministrative sono attribuite ai Comuni salvo che, per assicurarne l'esercizio unitario, siano conferite a Province, Città metropolitane, Regioni e Stato, sulla base dei principi di sussidiarietà, differenziazione ed adeguatezza.

I Comuni, le Province e le Città metropolitane sono titolari di funzioni amministrative proprie e di quelle conferite con legge statale o regionale, secondo le rispettive competenze.
La legge statale disciplina forme di coordinamento fra Stato e Regioni nelle materie di cui alle lettere b) e h) del secondo comma dell'articolo 117, e disciplina inoltre forme di intesa e coordinamento nella materia della tutela dei beni culturali.
Stato, Regioni, Città metropolitane, Province e Comuni favoriscono l'autonoma iniziativa dei cittadini, singoli e associati, per lo svolgimento di attività di interesse generale, sulla base del principio di sussidiarietà".

Tale articolo ridefinisce il riparto delle funzioni amministrative stabilendo che esse "sono attribuite ai Comuni, salvo che, per assicurare l'esercizio unitario, siano conferite a Province, Città metropolitane, Regioni e Stato, sulla base dei principi di sussidiarietà, differenziazione e adeguatezza".

Nel caso delle funzioni amministrative, quindi, l'ente a competenza generale è il Comune, a differenza della potestà legislativa in cui l'ente a competenza generale è la Regione. Qualora, tuttavia, l'attività amministrativa richieda un esercizio unitario, essa può essere attribuita agli enti superiori.

Il **principio di sussidiarietà** a cui fa riferimento l'articolo 118 della Costituzione è inteso con un doppio significato.

- sussidiarietà verticale: riguarda l'esigenza che le funzioni amministrative siano svolte dall'ente più vicino possibile ai cittadini.

- sussidiarietà orizzontale: gli enti territoriali non si appropriano di funzioni che possono essere svolte autonomamente dai cittadini e dalle loro formazioni sociali.

Con riferimento, invece, al **principio di differenziazione**, si sancisce che le funzioni possono essere attribuite in modo differenziato anche all'interno degli stessi livelli territoriali, tenendo conto delle diverse caratteristiche, delle risorse economiche e delle situazioni sociali e demografiche.

Infine, il **principio di adeguatezza** prevede che la funzione venga esercitata dall'ente territoriale maggiormente in grado di garantire efficienza ed efficacia rispetto alle risorse utilizzate e ai risultati da conseguire.

Le funzioni amministrative si distinguono in due categorie.

- funzioni proprie: sono quelle che devono necessariamente essere attribuite agli enti territoriali. Esse sono considerate essenziali per il funzionamento dell'ente stesso e per il soddisfacimento dei bisogni primari della comunità che vi risiede.

- funzioni conferite: sono appunto le funzioni conferite con leggi statali o regionali sulla base del riparto delle competenze, e che possono essere revocate.

Articolo 119

"I Comuni, le Province, le Città metropolitane e le Regioni hanno autonomia finanziaria di entrata e di spesa.

I Comuni, le Province, le Città metropolitane e le Regioni hanno risorse autonome. Stabiliscono e applicano tributi ed entrate propri, in armonia con la Costituzione e secondo i principi di coordinamento della finanza pubblica e del sistema tributario. Dispongono di compartecipazioni al gettito di tributi erariali riferibile al loro territorio.

La legge dello Stato istituisce un fondo perequativo, senza vincoli di destinazione, per i territori con minore capacità fiscale per abitante.

Le risorse derivanti dalle fonti di cui ai commi precedenti consentono ai Comuni, alle Province, alle Città metropolitane e alle Regioni di finanziare integralmente le funzioni pubbliche loro attribuite.

Per promuovere lo sviluppo economico, la coesione e la solidarietà sociale, per rimuovere gli squilibri economici e sociali, per favorire l'effettivo esercizio dei diritti della persona, o per provvedere a scopi diversi dal normale esercizio delle

loro funzioni, lo Stato destina risorse aggiuntive ed effettua interventi speciali in favore di determinati Comuni, Province, Città metropolitane e Regioni.
I Comuni, le Province, le Città metropolitane e le Regioni hanno un proprio patrimonio, attribuito secondo i principi generali determinati dalla legge dello Stato.
Possono ricorrere all'indebitamento solo per finanziare spese di investimento. È esclusa ogni garanzia dello Stato sui prestiti dagli stessi contratti."

Questo articolo sancisce l'autonomia finanziaria di entrata e di spesa degli enti territoriali, e dispone che essi devono avere risorse autonome, derivanti sia da tributi ed entrate propri sia dalla compartecipazione al gettito di tributi statali.

La prima attuazione dell'articolo 119 è avvenuta con l'adozione della legge delega n. 42/2009.

L'articolo 119 prevede inoltre l'istituzione di un fondo perequativo per i territori con minore capacità fiscale per abitante, che opera senza vincoli di destinazione (terzo comma).

In base al quarto comma, attraverso le predette risorse (entrate proprie, compartecipazione al gettito dei tributi erariali, trasferimenti dal fondo perequativo) gli enti territoriali devono provvedere al finanziamento integrale delle funzioni pubbliche loro attribuite.

Lo Stato può destinare risorse aggiuntive o effettuare interventi speciali solo in favore di determinati Comuni, Province, Città metropolitane e Regioni per promuovere lo sviluppo economico, la coesione e la solidarietà sociale, per rimuovere gli squilibri economici e sociali, per favorire l'effettivo esercizio dei diritti della persona, o per provvedere a scopi diversi dal normale esercizio delle loro funzioni.

Per ciò che attiene al trasferimento di risorse dal bilancio dello Stato agli enti territoriali, il nuovo sistema del Titolo V è stato ritenuto dalla Corte costituzionale immediatamente applicabile. Ne deriva che trasferimenti finanziari dello Stato in favore degli enti territoriali, o anche di soggetti privati, vincolati nella destinazione sono ammessi solo nelle materie di competenza esclusiva statale.

Possono configurarsi interventi di carattere speciale solo se aggiuntivi rispetto al finanziamento integrale delle funzioni e riferibili alle finalità di perequazione e garanzia enunciate dall'articolo 119 della Costituzione, e solo se indirizzati a determinati enti territoriali o categorie di enti territoriali. In questo caso, se i finanziamenti riguardano ambiti di competenza, anche concorrente, delle Regioni, queste devono essere chiamate ad esercitare compiti di programmazione e di ripartizione dei fondi all'interno del proprio territorio.

L'articolo 119 riconosce che i Comuni, le Province, le Città metropolitane hanno un proprio patrimonio, secondo i principi generali stabiliti con legge statale (sesto comma, primo periodo).

Esso ammette infine (sesto comma, secondo e terzo periodo) il ricorso all'indebitamento da parte degli enti territoriali solo per finanziare spese di investimento, escludendo ogni garanzia dello Stato sui prestiti contratti.

Articolo 120

"La Regione non può istituire dazi di importazione o esportazione o transito tra le Regioni, né adottare provvedimenti che ostacolino in qualsiasi modo la libera circolazione delle persone e delle cose tra le Regioni, né limitare l'esercizio del diritto al lavoro in qualunque parte del territorio nazionale.

Il Governo può sostituirsi a organi delle Regioni, delle Città metropolitane, delle Province e dei Comuni nel caso di mancato rispetto di norme e trattati internazionali o della normativa comunitaria oppure di pericolo grave per l'incolumità e la sicurezza pubblica, ovvero quando lo richiedono la tutela dell'unità giuridica o dell'unità economica e in particolare la tutela dei livelli essenziali delle prestazioni concernenti i diritti civili e sociali, prescindendo dai confini territoriali dei governi locali.

La legge definisce le procedure atte a garantire che i poteri sostitutivi siano esercitati nel rispetto del principio di sussidiarietà e del principio di leale collaborazione."

Il primo comma di questo articolo contiene una serie di divieti che vengono imposti alle Regioni e che gravano sia sull'attività legislativa (ai sensi dell'articolo 117 della Costituzione) che su quella amministrativa (ai sensi del successivo articolo 118). In primo luogo, è vietato per le Regioni imporre dazi doganali o limitazioni analoghe perché questo potrebbe pregiudicare l'unità del mercato nazionale. Inoltre, non può essere limitata la circolazione di cose o persone, anche se tale divieto va inteso in senso relativo. Infatti, se esigenze superiori (ad esempio la salute pubblica, ai sensi dell'articolo 32 della Costituzione) lo richiedano, tale diritto può essere limitato (vedi anche l'articolo 16 della stessa Carta costituzionale). Tuttavia, ciò può accadere solo se la protezione concerne interessi localizzati, dal momento che, se si tratta di interessi nazionali, la decisione passa allo Stato. Infine, viene posto il divieto inderogabile di limitare l'esercizio del lavoro sul territorio della Nazione. Si consideri, peraltro, come tutte le libertà prese in esame dalla disposizione siano oggi oggetto di regolamentazione anche a livello comunitario.

Il secondo comma sancisce il cosiddetto potere sostitutivo del Governo, che sta alla base dell'unità e indivisibilità della Repubblica come testimoniato anche dall'articolo 5 della Costituzione. Esso attribuisce al Governo il potere di sostituirsi a organi delle Regioni, delle Città metropolitane, delle Province e dei Comuni. Tale superamento dei confini dell'autonomia riconosciuta agli Enti locali può verificarsi solo ed esclusivamente in circostanze eccezionali. Esse sono:

- il mancato rispetto di norme e trattati internazionali o della normativa comunitaria;
- un pericolo grave per l'incolumità e la sicurezza pubblica;
- la tutela dell'unità giuridica o dell'unità economica, quando necessario;
- la tutela volta ad assicurare i livelli essenziali delle prestazioni concernenti i diritti civili e sociali (per esempio il diritto alla salute, o all'ambiente non inquinato).

Articolo 121

"Sono organi della Regione: il Consiglio regionale, la Giunta e il suo presidente.

Il Consiglio regionale esercita le potestà legislative attribuite alla Regione e le altre funzioni conferitegli dalla Costituzione e dalle leggi. Può fare proposte di legge alle Camere.

La Giunta regionale è l'organo esecutivo delle Regioni.

Il Presidente della Giunta rappresenta la Regione; dirige la politica della Giunta e ne è responsabile; promulga le leggi ed emana i regolamenti regionali; dirige le funzioni amministrative delegate dallo Stato alla Regione, conformandosi alle istruzioni del Governo della Repubblica."

L'articolo 121 della Costituzione dispone che gli organi della Regione sono:

- il Consiglio regionale;
- la Giunta regionale;
- il Presidente della Regione.

Secondo l'articolo 121, il **Consiglio regionale** esercita la potestà legislativa attribuita alla Regione e le altre funzioni conferitegli dalla Costituzione e dalle leggi. Si tratta, infatti, dell'organo rappresentativo della Regione, in quanto eletto dal corpo elettorale della Regione stessa.

Al Consiglio spettano anche funzioni amministrative conferite dallo Statuto, comprese quelle relative all'ordinamento degli uffici e dei servizi regionali e all'istituzione di enti amministrativi dipendenti dalla Regione.

Inoltre, esso esercita poteri di controllo politico sull'operato della Giunta e del Presidente della Regione; approva il bilancio preventivo, i relativi storni di fondi da un capitolo all'altro e il conto consuntivo. Approva i piani generali riguardanti l'esecuzione di opere pubbliche e l'organizzazione di servizi pubblici di interesse della Regione e dei finanziamenti relativi.

Il Consiglio regionale è composto da un numero di consiglieri che va da 20 a 80 a seconda della popolazione regionale.

Il sistema di elezione e i casi di ineleggibilità e di incompatibilità dei consiglieri saranno disciplinati con legge della Regione, nei limiti dei principi fondamentali stabiliti con legge della Repubblica (ai sensi dell'articolo 122, primo comma, della Costituzione).

I Consigli regionali rimangono in carica cinque anni. È, tuttavia, possibile lo scioglimento anticipato del Consiglio in caso di atti contrari alla Costituzione o di gravi violazioni di legge, o per ragioni di sicurezza nazionale. Lo scioglimento è disposto con Decreto motivato del Presidente della Repubblica, su proposta del Presidente del Consiglio dei Ministri, adottato previo parere di una Commissione bicamerale per le questioni regionali.

I consiglieri regionali non possono essere chiamati a rispondere delle opinioni espresse e dei voti dati nell'esercizio delle loro funzioni. Questa garanzia di insindacabilità è simile a quella prevista dall'articolo 68, primo comma, della Costituzione a favore di deputati e senatori. Tuttavia, a differenza di questi, i consiglieri regionali non godono dell'inviolabilità prevista dal secondo e dal terzo comma dello stesso articolo 68.

Il Consiglio elegge tra i consiglieri il Presidente del Consiglio regionale, che si avvale di un Ufficio di Presidenza. Come per il

Parlamento, anche il Consiglio regionale è organizzato tramite Commissioni e gruppi consiliari.

L'articolo 123, ultimo comma, della Costituzione prevede che, in ogni Regione, lo Statuto disciplini il Consiglio delle autonomie locali, quale organo di consultazione fra la Regione e gli enti locali. Si tratta non di un organo cui spetti deliberare, ma di un luogo di concentrazione delle politiche regionali nei confronti dei Comuni e delle Province e della determinazione delle loro funzioni amministrative.

La **Giunta Regionale** è l'organo esecutivo della Regione (ai sensi dell'articolo 122 della Costituzione). Essa svolge l'attività di indirizzo politico della Regione attraverso l'attività di iniziativa politica che si esprime con la presentazione di disegni di legge al Consiglio. Svolge anche funzioni amministrative tramite la direzione degli uffici regionali e degli enti locali; predispone il bilancio preventivo e il conto consuntivo nonché i programmi di sviluppo regionale. Per motivi di urgenza, la Giunta può sostituirsi al Consiglio, salva la ratifica di quest'ultimo nella prima adunanza. I componenti della Giunta (gli **Assessori**) sono nominati e revocati dal Presidente della Regione e sono a capo degli Assessorati, ossia gli uffici amministrativi che si occupano delle diverse aree dell'attività regionale.

Il **Presidente della Regione** è anche Presidente della Giunta regionale. Egli è eletto dai cittadini della Regione a suffragio universale diretto (ai sensi del quinto comma dell'articolo 122 della Costituzione), a meno che lo Statuto non disponga diversamente.

Secondo l'articolo 121, quarto comma, della Costituzione, il Presidente rappresenta la Regione; dirige la politica della Giunta e ne è responsabile, promulga le leggi ed emana i regolamenti regionali; dirige le funzioni amministrative delegate dallo Stato alla Regione, conformandosi alle istruzioni del Governo della

Repubblica. Quindi, il Presidente svolge due diverse tipologie di funzioni:

- funzioni politiche, come Presidente della Giunta ed espressione della maggioranza nel Consiglio regionale (nomina e revoca gli Assessori e ha un potere di pressione che deriva dal fatto che le proprie dimissioni portano con sé lo scioglimento del Consiglio regionale, convoca la Giunta, ne fissa l'ordine del giorno, guida e dirige la discussione, pone in votazione le proposte, e così via), e, per questi poteri, è assimilabile al Presidente del Consiglio dei Ministri;

- funzioni istituzionali, come Presidente della Regione. In questa veste, gli spettano non solo funzioni onorifiche o di rappresentanza, ma anche poteri concreti tutte le volte che la Regione deve manifestare all'esterno la propria volontà e difendere i propri poteri. Così, egli promulga le leggi e i regolamenti regionali (pubblicati poi sul Bollettino Ufficiale della Regione) e rappresenta la Regione, per esempio nella stipula dei contratti o nei giudizi in cui la Regione sia coinvolta.

Articolo 122

"Il sistema di elezione e i casi di ineleggibilità e di incompatibilità del Presidente e degli altri componenti della Giunta regionale nonché dei consiglieri regionali sono disciplinati con legge della Regione nei limiti dei princìpi fondamentali stabiliti con legge della Repubblica, che stabilisce anche la durata degli organi elettivi.

Nessuno può appartenere contemporaneamente a un Consiglio o a una Giunta regionale e ad una delle Camere del Parlamento, ad un altro Consiglio o ad altra Giunta regionale, ovvero al Parlamento europeo.

Il Consiglio elegge tra i suoi componenti un Presidente e un ufficio di presidenza.

I consiglieri regionali non possono essere chiamati a rispondere delle opinioni espresse e dei voti dati nell'esercizio delle loro funzioni.
Il Presidente della Giunta regionale, salvo che lo statuto regionale disponga diversamente, è eletto a suffragio universale e diretto. Il Presidente eletto nomina e revoca i componenti della Giunta."

La norma in esame pone la riserva di legge regionale in materia di elezioni, incompatibilità ed incandidabilità, stabilendo inoltre l'irresponsabilità dei componenti del Consiglio per le opinioni espresse e per i voti conferiti nell'esercizio delle loro funzioni. Alla disposizione di cui al primo coma è stata data attuazione con la legge n. 165/2004. Di particolare interesse risultano i principi posti in materia elettorale, i quali sottolineano la necessità che venga adottato un sistema che assicuri la nascita di maggioranze stabili, ma anche la tutela delle minoranze, e che l'elezione del Presidente della Giunta ed il Consiglio siano contestuali (o ravvicinate se il primo non è scelto con suffragio popolare).

Tali prescrizioni si legano alla necessità di garantire un certo grado di omogeneità nel quadro elettorale delle varie Regioni. Questa, infatti, rischia di mancare a causa della ripartizione di competenze e, in particolare, del fatto che alle Regioni spetta la scelta del sistema elettorale e delle cause di ineleggibilità e incompatibilità.

Prima della riforma del 1999 il Presidente della Regione veniva eletto tra i consiglieri regionali. Dopo la riforma alla maggior autonomia concessa alle Regioni si è accompagnata la scelta di privilegiare la sua elezione popolare. Tuttavia, rimane ferma la possibilità per i singoli statuti di disporre diversamente purché vi sia una effettiva differenza di sistema. Questo è stato ribadito dalla Corte Costituzionale in una decisione relativa allo statuto calabrese con cui ha ritenuto che il sistema elettorale adottato voleva nascondere un'elezione popolare al solo scopo di sottrarsi all'applicazione del principio di cui all'articolo 126 della Costituzione (per cui, come vedremo a breve, allo scioglimento del Consiglio è contestuale la rimozione della Giunta).

Articolo 123

"Ciascuna Regione ha uno statuto che, in armonia con la Costituzione, ne determina la forma di governo e i principi fondamentali di organizzazione e funzionamento.

Lo statuto regola l'esercizio del diritto di iniziativa e del referendum su leggi e provvedimenti amministrativi della Regione e la pubblicazione delle leggi e dei regolamenti regionali.

Lo statuto è approvato e modificato dal Consiglio regionale con legge approvata a maggioranza assoluta dei suoi componenti, con due deliberazioni successive adottate ad intervallo non minore di due mesi.

Per tale legge non è richiesta l'apposizione del visto da parte del Commissario del Governo.

Il Governo della Repubblica può promuovere la questione di legittimità costituzionale sugli statuti regionali dinanzi alla Corte costituzionale entro trenta giorni dalla loro pubblicazione.

Lo statuto è sottoposto a referendum popolare qualora entro tre mesi dalla sua pubblicazione ne faccia richiesta un cinquantesimo degli elettori della Regione o un quinto dei componenti il Consiglio regionale. Lo statuto sottoposto a referendum non è promulgato se non è approvato dalla maggioranza dei voti validi.

In ogni Regione, lo statuto disciplina il Consiglio delle autonomie locali, quale organo di consultazione fra la Regione e gli enti locali."

In ossequio all'autonomia statutaria riconosciuta alle Regioni, la norma in esame ne disciplina il contenuto minimo, il procedimento di formazione e quello di modifica. La riforma del 1999 ha vincolato il contenuto dello Statuto alla sola "armonia con la Costituzione". Ciò indica la necessità che tale documento rispetti tanto i principi espressamente dichiarati da essa che quelli che si possono implicitamente dedurre. Anche la scelta di esplicitare il contenuto dello Statuto può essere salutata con favore. Prima della novella, infatti, la disposizione parlava di "organizzazione interna della Regione" formula vaga e dal contenuto incerto. Il contenuto necessario dello Statuto è previsto dal terzo e dall'ultimo comma della disposizione: esso è imprescindibile per la sua stessa esistenza. È ammesso anche un contenuto eventuale, che si caratterizza perché la sua mancanza non inficia la validità della fonte e perché, secondo la Corte Costituzionale, ad esso può attribuirsi solo un valore limitato.

Lo Statuto è sottoposto a referendum popolare qualora, entro tre mesi dalla sua pubblicazione, ne faccia richiesta un cinquantesimo degli elettori della Regione o un quinto dei componenti il Consiglio regionale. Lo Statuto sottoposto a referendum non è promulgato se non è approvato dalla maggioranza dei voti validi. La formazione dello statuto era oggetto di un procedimento complesso prima della riforma e vedeva il coinvolgimento (seppur formale) anche del legislatore nazionale. Dopo la novella il procedimento, più semplice, ricalca evidentemente quello di adozione delle leggi costituzionali e di revisione costituzionale, tanto che alcuni parlano di "costituzione regionale". In ogni caso si tratta di una legge regionale atipica e rinforzata.

In ordine all'eventuale questione di costituzionalità avanzata dall'esecutivo nazionale, la Corte, chiamata a pronunciarsi, ha chiarito che il termine decorre dalla prima pubblicazione, quella notiziale. Ciò permette di evitare un referendum inutile se la decisione è rapida, ma genera il rischio che essa si sovrapponga alla stessa se questa tarda. Infine, si noti che il riferimento al visto governativo è frutto di una omissione del legislatore della riforma.

In precedenza, infatti, il visto era la regola (ai sensi dell'articolo

127 della Costituzione) e la sua esclusione doveva essere prevista. Oggi, invece, il visto è stato del tutto abolito.

Articolo 124: abrogato.

Articolo 125

"Nella Regione sono istituiti organi di giustizia amministrativa di primo grado, secondo l'ordinamento stabilito da legge della Repubblica. Possono istituirsi sezioni con sede diversa dal capoluogo della Regione."

L'articolo 125 prevede l'istituzione dei Tribunali Amministrativi Regionali (TAR). In Trentino-Alto Adige opera il Tribunale di Giustizia Amministrativa e in Sicilia il Consiglio di Giustizia Amministrativa per la Regione Sicilia.

Il loro compito è quello di giudicare sui ricorsi di privati cittadini che ritengono lesi i propri interessi da atti compiuti dalla Pubblica Amministrazione. Anche la versione precedente dell'articolo 125 prevedeva un organo decentrato di controllo sugli atti amministrativi della Regione.

I TAR sono stati istituiti nel 1971. Essi giudicano in primo grado gli atti amministrativi. In caso di ricorso contro le sue decisioni, ci si appella al Consiglio di Stato.

Il TAR del Lazio ha una competenza particolare, perché è incaricato di prendere in esame i ricorsi contro atti amministrativi emanati da un'amministrazione statale che hanno una valenza per più Regioni.

Un cittadino può rivolgersi al TAR regionale quando ritiene che un atto amministrativo sia illegittimo, cioè vada contro le regole giuridiche: non bisogna pensare ad atti palesemente contrari alla legge (come ad esempio i furti), ma a provvedimenti più complicati, come le norme dei bandi di concorso.

Articolo 126

"Con decreto motivato del Presidente della Repubblica sono disposti lo scioglimento del Consiglio regionale e la rimozione del Presidente della Giunta che abbiano compiuto atti contrari alla Costituzione o gravi violazioni di legge.

Lo scioglimento e la rimozione possono altresì essere disposti per ragioni di sicurezza nazionale.

Il decreto è adottato sentita una Commissione di deputati e senatori costituita, per le questioni regionali, nei modi stabiliti con legge della Repubblica.

Il Consiglio regionale può esprimere la sfiducia nei confronti del Presidente della Giunta mediante mozione motivata, sottoscritta da almeno un quinto dei suoi componenti e approvata per appello nominale a maggioranza assoluta dei componenti. La mozione non può essere messa in discussione prima di tre giorni dalla presentazione.

L'approvazione della mozione di sfiducia nei confronti del Presidente della Giunta eletto a suffragio universale e diretto, nonché la rimozione, l'impedimento permanente, la morte o le dimissioni volontarie dello stesso comportano le dimissioni della Giunta e lo scioglimento del Consiglio. In ogni caso i medesimi effetti conseguono alle dimissioni contestuali della maggioranza dei componenti il Consiglio."

La norma in oggetto individua alcune ipotesi di cessazione della carica di Presidente della Giunta regionale e del Consiglio regionale.

Le cause di scioglimento esterno elencate sono il compimento di atti contrari alla Costituzione o di gravi violazioni di leggi e la presenza di ragioni di sicurezza nazionale. In tali ipotesi lo scioglimento e la rimozione sono disposti con Decreto motivato del Presidente della Repubblica, previa deliberazione del Consiglio dei Ministri.

Le cause interne di scioglimento sono invece relative al funzionamento ed alle attività degli organi politici regionali. Le ipotesi di cessazione della carica di Presidente della Giunta sono:

- l'approvazione da parte del Consiglio regionale, a maggioranza assoluta, di una mozione di sfiducia, presentata da almeno un quinto dei componenti del Consiglio regionale;
- la rimozione, le dimissioni volontarie, l'impedimento permanente o la morte del Presidente della Giunta;
- le dimissioni contestuali della maggioranza dei componenti del Consiglio, che determinano una impossibilità di funzionamento del Consiglio.

Il terzo comma introduce la nota regola *aut simul stabunt aut simul cadent*, per cui il Consiglio ed il Presidente della Regione sono legati tra di loro in modo tale per cui, se viene meno uno, deve venir meno anche l'altro. Ciò esprime la volontà di rafforzare la carica del Presidente, che deve essere in grado di mantenere l'unità del proprio Consiglio: se non ci riesce viene meno l'intero sistema compresa la Giunta. Inoltre, questa scelta intende evitare che un Presidente, espressione di una certa maggioranza politica, possa governare con l'appoggio di una di segno diverso. Proprio per questo il principio in esame si applica solo se opera il meccanismo dell'elezione popolare (articolo 122, comma 5 della Costituzione). Lo scopo era già stato perseguito (senza successo) dalla legge n. 43/1995 (cosiddetta "legge Tatarella") la quale, però, aveva scelto di limitare la durata dell'esecutivo regionale in caso di frattura nel suo rapporto con il Consiglio intervenuta entro breve termine dall'elezione.

Articolo 127

"Il Governo, quando ritenga che una legge regionale ecceda la competenza della Regione, può promuovere la questione di legittimità costituzionale dinanzi alla Corte costituzionale entro sessanta giorni dalla sua pubblicazione.

La Regione, quando ritenga che una legge o un atto avente valore di legge dello Stato o di un'altra Regione leda la sua sfera di competenza, può promuovere la questione di legittimità costituzionale dinanzi alla Corte costituzionale entro sessanta giorni dalla pubblicazione della legge o dell'atto avente valore di legge."

Al fine di dare attuazione concreta alla ripartizione delle competenze legislative di cui all'articolo 117, la norma in esame disciplina il conflitto di attribuzioni tra lo Stato e le Regioni. In entrambi i casi, il termine per proporre impugnazione è di 60 giorni dalla pubblicazione dell'atto che si ritenga lesivo delle rispettive competenze. La competenza a deliberare circa la proposizione della questione di costituzionalità è del Presidente della Giunta su delibera della Giunta stessa. L'iniziativa può provenire anche dal Consiglio delle autonomie locali se ritiene che la violazione riguardi un ente locale. Con la riforma del 2001 sono stati posti sul medesimo piano, sotto il profilo in esame, tanto la Regione che lo Stato, atteso che è stata riconosciuta alla prima la facoltà di far valere la lesione alle proprie competenze. Prima della riforma ciò era previsto dall'articolo 2 della legge costituzionale n. 1/1948. Circa l'oggetto del giudizio di costituzionalità si può notare come solo il primo comma (coordinandosi con l'articolo 134 della Costituzione) menzioni gli atti aventi forza di legge, mentre in materia di nulla si fa menzione nel secondo comma. Questo lascia aperto il dubbio circa la sua effettiva portata.

Il giudizio in via principale di cui si occupa la disposizione è chiaramente sempre successivo rispetto all'atto impugnato. La Costituzione, inoltre, rimette alla discrezionalità dei potenziali ricorrenti la scelta in ordine al ricorso, in quanto essi possono far valere la violazione ma non sono obbligati a farlo. Si tratta, altresì, di un giudizio astratto, in quanto esso prescinde dalla lesione di una posizione soggettiva che faccia capo ad un privato. In ordine ai vizi denunciabili, si deve considerare come Stato e Regione versano in una posizione diversa nonostante la riforma del 2001 abbia costituzionalizzato il diritto regionale a far valere la lesione delle competenze. La Regione, infatti, può lamentare solo l'ingerenza nella propria sfera di competenza dello Stato o di un'altra Regione. Lo Stato, invece, può far valere ogni eccedenza regionale in veste di garante dell'interesse nazionale. Lo Stato, inoltre, usa ricorrere alla Consulta ogni volta che una legge regionale viola la Costituzione anche se ciò non avviene mediante sconfinamento di competenza (ma, ad esempio, in spregio ad uno dei limiti di cui all'articolo 120 della Costituzione).

Articolo 128: abrogato.

Articolo 129: abrogato.

Articolo 130: abrogato.

Articolo 131

"Sono costituite le seguenti Regioni:

- *Piemonte;*
- *Valle d'Aosta;*
- *Lombardia;*
- *Trentino-Alto Adige;*
- *Veneto;*
- *Friuli-Venezia Giulia;*
- *Liguria;*
- *Emilia-Romagna;*
- *Toscana;*
- *Umbria;*
- *Marche;*
- *Lazio;*
- *Abruzzo;*
- *Molise;*

- *Campania;*
- *Puglia;*
- *Basilicata;*
- *Calabria;*
- *Sicilia;*
- *Sardegna."*

Articolo 132

"Si può, con legge costituzionale, sentiti i Consigli regionali, disporre la fusione di Regioni esistenti o la creazione di nuove Regioni con un minimo di un milione di abitanti, quando ne facciano richiesta tanti Consigli comunali che rappresentino almeno un terzo delle popolazioni interessate, e la proposta sia approvata con referendum dalla maggioranza delle popolazioni stesse.

Si può, con l'approvazione della maggioranza delle popolazioni della Provincia o delle Province interessate e del Comune o dei Comuni interessati espressa mediante referendum e con legge della Repubblica, sentiti i Consigli regionali, consentire che Provincie e Comuni, che ne facciano richiesta, siano staccati da una Regione e aggregati ad un'altra."

Articolo 133

"Il mutamento delle circoscrizioni provinciali e la istituzione di nuove Province nell'ambito di una Regione sono stabiliti con leggi della Repubblica, su iniziative dei Comuni, sentita la stessa Regione.

La Regione, sentite le popolazioni interessate, può con sue leggi istituire nel proprio territorio nuovi comuni e modificare le loro circoscrizioni e denominazioni.".

Capitolo Ottavo
La Pubblica Amministrazione

Ciascun Ministro è preposto ad uno dei grandi rami dell'amministrazione statale, che prende il nome di Ministero. Per questo egli ha una doppia veste istituzionale: da una parte partecipa alla formazione dell'indirizzo politico in quanto membro del Consiglio dei Ministri; dall'altra costituisce il vertice amministrativo di un Ministero, chiamato a realizzare quell'indirizzo. Secondo il modello dell'amministrazione per ministeri, nato nella Francia di Napoleone, ciascun ministero doveva essere configurato come una struttura gerarchizzata, infatti il ministro si serviva di una molteplicità di uffici a lui legati da un rapporto di gerarchia che gli consentiva di imporre loro ordini. Questo modello è stato abbandonato in Italia dopo il 1993.

L'organizzazione dei Ministeri, attualmente, è basata sul principio della separazione tra politica e amministrazione:

- agli organi di governo (Consiglio dei Ministri prima, e Ministro poi) spetta l'esercizio della funzione di indirizzo politico e amministrativo che consiste nella determinazione degli obiettivi e dei programmi da attuare, e la verifica della corrispondenza dei risultati dell'attività amministrativa agli indirizzi impartiti;

- ai dirigenti amministrativi spetta l'adozione degli atti e dei provvedimenti amministrativi che impegnano l'amministrazione verso l'esterno, nonché la gestione finanziaria, tecnica e amministrativa.

Il Ministro, non oltre dieci giorni dall'entrata in vigore della legge di bilancio, definisce gli obiettivi, le priorità, i piani e i programmi da attuare ed emana le conseguenti direttive generali, cui dovranno conformarsi i dirigenti. Le direttive hanno portata generale, indicano obiettivi da perseguire, modalità di azione, standard da rispettare. I contenuti concreti sono atti di gestione riservati ai dirigenti. Inoltre, il Ministro assegna a ciascun livello dirigenziale le risorse umane, economiche e finanziarie per il raggiungimento degli obiettivi fissati. I dirigenti hanno una responsabilità dirigenziale, e ciò implica che, in caso di risultati negativi, l'incarico può essere revocato.

8.1 I PRINCIPI COSTITUZIONALI SULL'AMMINISTRAZIONE PUBBLICA

I principi costituzionali sull'amministrazione sono i seguenti.

- **Principio di legalità**: la Pubblica Amministrazione può fare solo ciò che è previsto dalla legge e nel modo da essa indicato. Ovviamente, la Pubblica Amministrazione mantiene una certa libertà d'azione (in omaggio alla cosiddetta discrezionalità amministrativa). Per quanto riguarda l'organizzazione degli uffici pubblici, la Costituzione (e precisamente il comma 1 dell'articolo 97) pone una riserva di legge relativa, riducendo il campo di intervento legislativo nella materia dell'organizzazione amministrativa, in modo da assicurare la flessibilità delle strutture ed il loro rapido adeguamento alle diverse esigenze.

- **Principio di imparzialità** (anch'esso enunciato all'articolo 97): questo principio vieta di effettuare discriminazioni tra soggetti che non siano sorrette da alcun fondamento razionale. L'imparzialità è la traduzione sul piano amministrativo del generale principio di eguaglianza.

- **Principio del buon andamento della pubblica amministrazione** (di nuovo all'articolo 97): l'attività amministrativa deve rispondere a criteri di efficienza (cioè dev'essere in grado di realizzare il miglior rapporto tra mezzi impiegati e risultati conseguiti) e di efficacia (cioè dev'essere capace di raggiungere gli obiettivi prefissati). La legge generale sul procedimento amministrativo (legge n. 241/1990) afferma che "l'attività amministrativa persegue i fini determinati dalla legge ed è retta da criteri di economicità, di efficacia e di pubblicità".

- **Principio del concorso pubblico**: salvo i casi stabiliti dalla legge, agli impieghi nella Pubblica Amministrazione si accede per concorso (ai sensi del comma 3 dell'articolo 97). Tale principio pone il merito personale come criterio per selezionare i pubblici dipendenti, e i concorrenti devono essere valutati da commissioni in cui sia prevalente la presenza di esperti per evitare promozioni e passaggi di qualifica se non preceduti da idonee modalità concorsuali.

- **Dovere di fedeltà**: i pubblici ufficiali devono adempiere le loro funzioni con disciplina e onore, prestando giuramento, quando previsto dalla legge (ai sensi dell'articolo 54 della Costituzione). Per questo, la Carta prevede limiti al diritto di iscrizione ai partiti politici per magistrati, militari di carriera in servizio attivo, funzionari e agenti di polizia, rappresentanti diplomatici e consolari all'estero.

- **Principio della separazione tra politica e amministrazione**: gli organi di governo determinano obiettivi e programmi, e gli organi burocratici hanno la titolarità dei poteri di gestione amministrativa. La Costituzione non formula espressamente il suddetto principio, ma all'articolo 97, comma 2, afferma che "nell'ordinamento degli uffici sono determinate le sfere di competenza, le attribuzioni e le responsabilità proprie dei funzionari". L'amministrazione, quindi, è separata dagli organi di governo, anche se funzionalmente collegata agli stessi in quanto tenuta ad attuarne l'indirizzo amministrativo.

- **Responsabilità personale dei pubblici dipendenti**: questo principio esclude ogni forma di immunità per gli atti da essi compiuti in violazione dei diritti (ai sensi dell'articolo 28 della Costituzione). Si tratta di una responsabilità diretta che il dipendente ha solidalmente con lo Stato o con l'ente pubblico da cui dipende.

- Infine, l'amministrazione pubblica deve tendere ad avere un carattere locale: con la riforma del Titolo V, l'articolo 118 stabilisce che le funzioni amministrative sono attribuite ai Comuni. Province, Comuni e Città metropolitane sono titolari di funzioni proprie, oltre a quelle conferite loro con legge statale o regionale.

8.2. IL PROCEDIMENTO AMMINISTRATIVO

Il procedimento amministrativo può dividersi in quattro fasi.

- **fase preparatoria**: è la fase finalizzata ad accertare i presupposti dell'atto da emanare. Si tratta di un momento propulsivo, ossia il momento iniziale del procedimento, che può dipendere da:

  1. un'iniziativa di parte, mediante la presentazione di un'istanza volta ad ottenere un provvedimento, o di un ricorso, volto ad ottenere un riesame degli atti amministrativi considerati lesivi di diritti o interessi legittimi;

  2. un'iniziativa d'ufficio, che può dipendere dall'attività dell'ente competente o da un altro ente che agisce attraverso una proposta o richiesta.

- **fase istruttoria**: è la fase centrale del procedimento, in cui si compiono esami e ispezioni, si acquisiscono informazioni sui fatti rilevanti e si individuano gli interessi coinvolti. Protagonista di questa fase è il Responsabile del procedimento, che dovrà agire rispettando il principio di non aggravamento del procedimento e quindi evitare operazioni ed atti che risultino non necessari.

- **fase costitutiva-decisoria**: è la fase in cui si determina il contenuto dell'atto. Alla fine di questa fase l'atto è completo ma non efficace e sarà emanato dai dirigenti.

- **fase d'integrazione dell'efficacia**: l'atto, una volta emanato, è perfetto ma non ancora efficace. La produzione dell'efficacia avviene in questa fase e può dipendere dall'emanazione di ulteriori atti, al verificarsi di determinati fatti oppure, se è un atto di natura recettizia, necessita di una comunicazione o pubblicazione.

Il termine generale per la conclusione del procedimento amministrativo è di 30 giorni, ma può variare a seconda della possibilità che si tratti di amministrazioni statali (in questa circostanza è al massimo di 90 giorni), oppure nei casi espressamente previsti dalla legge, in cui il termine può arrivare ad un massimo di 180 giorni. I termini decorrono dall'inizio del procedimento d'ufficio o dal ricevimento della domanda della parte interessata. I termini possono essere sospesi per una sola volta per un periodo non superiore ai 30 giorni. Se l'amministrazione rintraccia subito requisiti di inammissibilità, irricevibilità, improcedibilità o infondatezza, può, con un provvedimento scritto, interrompere immediatamente il procedimento. Nel caso in cui i termini stabiliti non vengano rispettati, la mancata o tardiva emanazione del provvedimento costituirà elemento di valutazione dell'amministrazione e del responsabile del procedimento. La legge infatti individua, in capo alla Pubblica Amministrazione, una responsabilità per l'inosservanza dolosa o colposa del termine e prevede in tali casi delle ipotesi di risarcimento o di indennizzo per il mero ritardo. Scaduti i termini previsti per il procedimento, la parte interessata può, entro 20 giorni, esercitare il potere sostitutivo, ossia invitare l'amministrazione ad individuare un altro soggetto che concluda il procedimento nella metà del tempo previsto dai termini originari per l'emanazione del provvedimento; se tali termini a loro volta non verranno rispettati, la parte potrà richiedere in giudizio l'indennizzo.

Scansiona il codice QR per restare sempre aggiornato
sulle novità Portalba Editori

Printed by Amazon Italia Logistica S.r.l.
Torrazza Piemonte (TO), Italy

49815857R00097